Rudolf Steiner

Das Sprechen der Engel im Grundsteinspruch

Betrachtungen zur Anthroposophie

Rudolf Steiner

Das Sprechen der Engel im Grundsteinspruch

Betrachtungen zur Anthroposophie

Auswahl und Einführung
Michiel ter Horst

Verlag am Goetheanum

Die Originalausgabe erschien 2023 bei Stichting Rudolf Steiner Vertalingen unter dem Titel «Engelen spreken de Grondsteenspreuk»
Übersetzung: Elsemarie ten Brink

Der Verlag am Goetheanum im Internet:
www.goetheanum-verlag.ch

Lektorat: Dr. Christiane Haid
Satz: ATHENA Verlagsdienstleistungen, Oberhausen
Umschlag: Wolfram Schildt, Berlin
Druck und Bindung: Jelgavas Tipogrāfija, Jelgava, Lettland

ISBN (Print) 978-3-7235-1738-3
ISBN (E-Bok) 978-3-7235-1751-2

Inhalt

Vorwort

Ein Jahr nach dem Brand des ersten Goetheanum stand Rudolf Steiner mit glühendem Herzen in der überfüllten Schreinerei und hielt eine Rede, die er über acht Tage fortsetzte, um die Worte der Grundsteinlegung gemeinsam mit den 800 Anwesenden «in unsere Herzen» zu versenken, wie er sagte. Jeden Tag, während acht Tagen, vom ersten Weihnachtstag 1923 bis zum Neujahrstag 1924, morgens um zehn und an diesem letzten Tag auch abends, sprach Rudolf Steiner insgesamt neunmal den Grundsteinspruch, in unterschiedlichen Fassungen, auf die wir noch näher eingehen werden. Dabei sprach er die Hierarchien der Engel unmittelbar an und bat sie darum, ihre Stimmen im Geiste miterklingen zu lassen. Jede der neun Engelhierarchien antwortete mit einem meditativen Inhalt, der bereits im frühen esoterischen Christentum, auf Griechisch bekannt, war und von den Rosenkreuzern auf Lateinisch überliefert ist.

Der Grundsteinspruch ist ein rein spiritueller Text, der nicht als Information, sondern als Meditation gemeint ist. Im Laufe der Woche wählte Rudolf Steiner für die Wochentage bestimmte Teile des Textes aus, die im meditativen Umgang mit dem Spruch hilfreich sein können. Dieser Grundstein in Form einer Wortmeditation bildete, zusammen mit der Verhandlung und Festlegung der Statuten und einer Reihe von Vorträgen über *Die Weltgeschichte in anthroposophischer Beleuchtung* (GA 233), die

Gründung der Allgemeinen Anthroposophischen Gesellschaft als weltweite Organisation. Die Allgemeine Anthroposophische Gesellschaft war so gedacht, dass eine freilassende Einheit in dem zusammengestoppelten Flickwerk der Landes-Vereine und örtlichen Zweige entstehen konnte. Im Nachhinein schrieb Rudolf Steiner eine Fassung des Grundsteinspruchs, der für die Veröffentlichung im Mitgliederorgan «Nachrichtenblatt für die Mitglieder» vom 13. Januar 1924 bestimmt war. Die dreimal drei griechischen Namen der Engelhierarchien, die er bei der Weihnachtstagung mündlich angerufen hatte, wurden nun zusammengefasst und in deutscher Sprache als «Kräfte-Geister», «Lichtes-Geister» und «Seelen-Geister» bezeichnet.

In diesem Buch wird mit der mündlichen Fassung des Spruchs gearbeitet, diese beruht auf den Worten, mit denen Rudolf Steiner während der Weihnachtstagung 1923 die Menschenseele und die Hierarchien aufgerufen hat.

Wo Rudolf Steiner mündlich Abänderungen im Text ausgesprochen hat *(siehe Erläuterungen zum Text am Schluss)*, wurde in dieser Ausgabe aus den Variationen eine Wahl getroffen, um so viel wie möglich der Frische und dem Sprachfluss der mündlichen Wortwahl Rechnung zu tragen.

Der Grundsteinspruch lässt sich mit einem Samenkorn vergleichen. In ihm sind die umfassenden Bilder der kosmischen Ordnung der geistigen Welt, die Rudolf Steiner in seinen Werken und Vorträgen skizziert hat, in Keimform zusammengeballt. Aber das nicht allein. Die Grundsteinlegung war auch der Same für das in diesem Zusammenhang versprochene Mysterium des *Esoterischen Zyklus,* den Rudolf Steiner sechs Wochen später tatsächlich begann. Der Umgang mit den Engelhierarchien, der im Grundsteinspruch bereits in Keimform vorhanden ist, wird in den *Neunzehn Klassenstunden* zu kosmischen Dimensionen anwachsen. Mit Recht wird er *Esoterische Unterweisungen für die erste Klasse der Freien Hochschule für Geisteswissenschaft am Goethenaum* (GA 270) genannt. Wir dürfen annehmen, dass Rudolf Steiner während des Aussprechens der Worte des Grundsteins, als Worte Michaels, wie er sagte, den ganzen vorangegangenen Aufbau der Anthroposophie und den ganzen künftigen Zyklus der neunzehn Klassenstunden wie ein umfassendes Weltenwort innerlich hören konnte.

Aus dem Gesamtwerk Rudolf Steiners sind in diesem Buch 60 Textfragmente über die Wirkung der Engelhierarchien in der Entwicklung von Mensch und Kosmos ausgewählt und mit den Worten der Grundsteinmeditation in Zusammenhang gebracht. Die Fragmente wurden mit dem Ziel ausgewählt, den meditativen Umgang mit dem Grundstein zu vertiefen.

Vorangestellt ist eine Darstellung des inneren Zusammenhangs des Grundsteinspruchs mit den Engelhierarchien. Ein Nachweis der Fundstellen, Abkürzungen etc. findet sich am Ende.

Grundsteinspruch

Menschenseele
du lebest in den Gliedern
die dich durch die Raumeswelt
im Geistesmeereswesen tragen

Übe Geist-Erinnern
in Seelentiefen
wo in waltendem
Weltenschöpfer-Sein
das eigne Ich
im Gottes-Ich
erweset
und du wirst wahrhaft leben
im Menschen-Welten-Wesen

Denn es waltet der Vater-Geist der Höhen
in den Weltentiefen Sein-erzeugend

Seraphim Cherubim Throne
lasset aus den Höhen erklingen
was in den Tiefen das Echo findet
dieses spricht
ex Deo nascimur

Das hören die Elementargeister
im Osten Westen Norden Süden
Menschen mögen es hören

Menschenseele
du lebest in dem Herzens-Lungen-Schlage
der dich durch den Zeitenrhythmus
ins eigne Seelenwesensfühlen leitet

Übe Geist-Besinnen
im Seelengleichgewichte
wo die wogenden
Welten-Werde-Taten
das eigne Ich
dem Welten-Ich
vereinen
und du wirst wahrhaft fühlen
im Menschen-Seelen-Wirken

Denn es waltet der Christus-Wille im Umkreis
in den Weltenrhythmen Seelen-begnadend

Kyriotetes Dynamis Exusiai
lasset vom Osten befeuern
was durch den Westen sich gestaltet
und es spricht
in Christo morimur

Das hören die Elementargeister
im Osten Westen Norden Süden
Menschen mögen es hören

Menschenseele
du lebest im ruhenden Haupte
das dir aus Ewigkeitsgründen
die Weltgedanken erschließet

Übe Geist-Erschauen
in Gedanken-Ruhe
wo die ew'gen Götterziele
Welten-Wesens-Licht
dem eignen Ich
zu freiem Wollen
schenken
und du wirst wahrhaft denken
in Menschen-Geistes-Gründen

Denn es walten des Geistes Weltgedanken
im Weltenwesen Licht-erflehend

Archai Archangeloi Angeloi
o lasset aus den Tiefen erbitten
was in den Höhen erhöret wird
dann spricht es durch die Welt
per Spiritum Sanctum reviviscimus

Das hören die Elementargeister
im Osten Westen Norden Süden
Menschen mögen es hören

In der Zeiten Wende
trat das Welten-Geistes-Licht
in den irdischen Wesensstrom

Nacht-Dunkel
hatte ausgewaltet

Taghelles Licht
erstrahlte in Menschenseelen
Licht
das erwärmet
die armen Hirtenherzen
Licht
das erleuchtet
die weisen Königshäupter

Göttliches Licht
Christus-Sonne
erwärme unsere Herzen
erleuchte unsere Häupter

dass gut werde
was wir aus Herzen
gründen
aus Häuptern
zielvoll führen
wollen

Einleitung

«Menschenseele!»

Ein eindrucksvoller Anruf, diese Eröffnung des Grundsteinspruchs! Zugleich klingt der Ruf aber zart und intim. Immerfort weckt er Verwunderung, Erstaunen und auch Fragen. Was ist die Seele? Was ist die Menschenseele? Bin ich, oder habe ich eine Seele? «Menschenseele!» Wer ist es, der ruft, sogar dreimal? Für mich ist es ein Ansporn, auf der Suche nach Einsichten in höhere Welten zu bleiben. Ich ziehe dazu Rudolf Steiners *Wie erlangt man Erkenntnisse der höheren Welten?* hinzu.

Schon im allerersten Satz geht es um die Seele: «Es schlummern in *jedem* Menschen Fähigkeiten, durch die er sich Erkenntnisse über höhere Welten erwerben kann.»[1] Schlummernde Fähigkeiten in jeder Menschenseele? Kann ich diese erwecken? Dazu, lesen wir, ist vor allem eine besondere Stimmung gefragt: «Eine gewisse Grundstimmung der Seele muss den Anfang bilden.»[2] Eine bestimmte Grundstimmung. Diese Grundstimmung wird von Rudolf Steiner im Folgenden der *Pfad der Verehrung, der Devotion* genannt.

Laut Sokrates können wir die Welt durch Verwunderung, Erstaunen und Neugier entdecken. Diese drei Stimmungen sind mir persönlich vertraut. Doch nun wird gefordert, diese zu Respekt und Bewunderung zu steigern. Und dann stellt sich heraus, dass auch das noch nicht reicht. Um Einsicht in die Wahrheit, im Geiste zu bekommen, werden wir gebeten, unsere Stimmung nochmals zu intensivieren und sie zur «Verehrung und Devotion gegenüber Wahrheit und Erkenntnis»[3] heranzubilden.

Verehrung und Devotion sind keine Selbstverständlichkeiten in unserer Zeit des Internets und der sozialen Medien. Vielmehr triumphieren Herabwürdigung und Verdächtigung. Die Pflege einer Stimmung der Hingabe ist heute eine Seltenheit geworden. Man muss das wirklich wollen und innerlich schaffen. Dazu kommt noch, dass in den Medien viel ohne ein wirkliches Verständnis von dem Dargestellten gesprochen wird. Das ist mir lustigerweise als Phänomen in einem Kommentar zur aktuell viel diskutierten «Artificial Intelligence» aufgefallen. Die App ChatGPT kann heute zum Beispiel auffällig klare und informative Texte generieren, das sind allerdings Texte, die jedoch nur schon gelernte Begriffe zum Inhalt haben. Alle Daten sind somit «pre-trained», deshalb das P im Namen. Die App kann aber einen so generierten Text nicht verstehen. Ich hatte da eine kleine Fangfrage gestellt: «Ich habe ein Problem beim Klavierspielen, weil ich Schmerzen bekomme, in den Fingern meiner rechten Hand. Kannst du mich beraten?» Das Programm erwiderte: «Schau mal auf deine linke Hand. Normalerweise siehst du auch da Finger. Kannst du diese nicht benutzen?» Die Antwort klingt dumm, weil sie weder Nutzen noch eine Bedeutung für das Problem hat. Als Information stimmt sie aber haargenau! Das Programm produziert Texte, versteht diese jedoch nicht. Es kann Worte wie «Staunen», «Verwunderung» und «Verehrung» schreiben, aber nicht begreifen und noch weniger empfinden. Doch wenn ich ehrlich bin, muss ich mich fragen: geschieht uns nicht oft dergleichen? Auch ich selbst habe öfters Quark geredet, sogar in ernsthaften Gesprächen oder geschäftlichen Verhandlungen. Wer denn nicht? Wenn man aber den Pfad der Verehrung betritt, muss man das ändern.

Gleich zu Beginn der Textsammlung habe ich das oben erwähnte Fragment über den *Pfad der Verehrung* aufgenommen, und zwar aus einem besonderen Grund. Der *Pfad der Verehrung,* der Devotion gegenüber Wahrheit und Erkenntnis ist heute, insbesondere für Anthroposophen, wichtiger als jemals zuvor. Warum? Wegen des *Esoterischen Zyklus,* der Zyklus umfasst neunzehn esoterische Stunden der Freien Hochschule für Geisteswissenschaft, auch als die *Klassenstunden* bekannt. Bis 1992 waren diese esoterischen Stunden offiziell nicht erhältlich. Die Übermittlung erfolgte von «Mund zu Ohr», mündlich, so wurden die Mysterieninhalte weitergegeben. Rudolf Steiner hatte seinerzeit nachdrücklich um Geheimhaltung gebeten, um die Stimmung der Verehrung und Devotion in Bezug auf die Texte sorgfältigst zu behüten. Ich selber war Jahrzehnte lang gewohnt, den Text ausschließlich für mich zu behalten, nie zu besprechen, geschweige denn theoretische Diskurse über die Inhalte zu führen. Man ändert die lebendige Denkkraft der Worte nur allzu leicht in tote Begriffe.

Aber diese Texte leben inzwischen über hundert Jahre in den anthroposophischen Meditationen. Sie haben Formkraft angenommen. Die Geheimhaltung ist aufgehoben, die Vorstände der Anthroposophischen Gesellschaft und der Nachlassverwaltung in Dornach entschieden sich

1992 gemeinsam dazu, die Texte in Buchform herauszugeben, und inzwischen ist diese Ausgabe auch im Internet zu finden. Jetzt braucht es unsere verstärkte Aufmerksamkeit, weil wir nun, ohne den Ansporn Rudolf Steiners, selber fortwährend die Willenskraft aufbringen müssen, den *Pfad der Verehrung* beim Lesen der esoterischen Texte nie zu verlassen. Hüte diese Worte mit dem klaren Denken, pflege sie mit liebevoller Hinwendung, erwecke sie zum Leben mit Willens- und Sammlungskraft, sonst können uns diese esoterischen Stunden ihren Inhalt nicht offenbaren. Wir haben heutzutage so viele kritische Urteile und Fragen, dazu zum Beispiel: Warum sind diese Texte so schwierig? Kann man den Inhalt nicht viel einfacher sagen? Sind diese Worte nicht hoffnungslos veraltet? Können wir deren Inhalt theoretisch begründen?

An sich sind diese Fragen nicht falsch, solange sie eine Vertiefung unserer Einsichten bringen können. Aber achte auf die Stimmen der verführerischen Sirenen entlang deines Weges: rechts hört man leise flüsternd den Besserwisser, links den Buchstabengläubigen. Selbstverständlich habe auch ich mit diesen beiden gerungen, aber mich trotzdem auch mit ihnen angefreundet. Sie haben mir geholfen, den Sinn der Sätze des Grundsteins besser zu verstehen. Daraufhin begann die poetische Schönheit des Spruchs immer mehr zu mir zu sprechen begann. Das Gefühl für die Schönheit dieser Worte wurde mir zunehmend wichtig. Aber schlussendlich bemerkte ich noch etwas anderes: Eigentlich ist das Aufbringen der Willenskraft, um diesen geschliffenen Kristall des Grundsteins in seinem zwölffachen Zusammenhang (darüber später mehr) zu durchschauen, das Allerwichtigste. Hierdurch nämlich tritt man in die Welt ein, aus der der Spruch stammt, aus der Sternenwelt. Langsam haben mein Wortklauber und mein Besserwisser ihren Einfluss verloren, aber ich habe sie trotzdem geschätzt. Bilden sie zusammen in vielerlei Gestalten nicht doch auch einen Weg zur Freiheit?

Der Grundsteinspruch wurde bei der Gründung der neuen weltweiten Gesellschaft gegeben, wobei die Gesellschaft sofort auch die Aufgabe bekam, die Freie Hochschule für Geisteswissenschaft zu tragen. Schon sieben Wochen später wurde die erste Klassenstunde durch Rudolf Steiner gegeben.

Würde man die Grundsteinmeditation mit dem Samen eines Baumes vergleichen, dann ist der esoterische Zyklus der neunzehn Klassenstunden der inzwischen großartig ausgewachsene Baum. Es handelt sich bei den Klassenstunden um Texte, die Keimkraft besitzen, umso mehr, wenn sie beschützt und behütet vom *Pfad der Verehrung* in Seelentiefen wachsen dürfen.

Weil der *Zyklus der neunzehn Stunden* unter Gutheißen der Leitung der Freien Hochschule für Geisteswissenschaft veröffentlicht wurde, zitiere ich in dieser Textsammlung auch daraus. Daher ist es doppelt wichtig, die erste Stufe des Schulungsweges im Bewusstsein zu haben: «Eine gewisse Grundstimmung der Seele muss den Anfang bilden.»[4] So leitet Rudolf Steiner mit eindringlichen Worten den *Pfad der Verehrung* ein. Diese Worte habe ich dieser Textsammlung an den Anfang gestellt. Erst danach folgt eine Beschreibung der Engelstimmen von *An-*

geloi, Archangeloi, Archai, die in der Menschenseele tönen, wenn Menschen sprechen und einander zuhören. Oder wenn sie das Eröffnungswort des Grundsteinspruchs aussprechen: «Menschenseele!» Wir sind dann schon im Gespräch mit den *Angeloi, Archangeloi, Archai,* die man auch als *Engel, Erzengel, Ursprünge* bezeichnen kann, wenn das für die Ohren vertrauter klingen mag. Man kann sie auch *Botschafter, Liebeskräfte, Initiativkräfte* nennen. Doch wie man sie auch benennt, am Anfang kommen uns alle Namen der Engel abstrakt vor.

Die Engel sind Denkkräfte

Was sind Engel? Der griechische Name ist schon vielsagend: *Botschafter.* Sie sind uns Menschen am nächsten. Wenn wir etwas Neues beginnen wollen, dann schauen die Archai aus dieser Perspektive mit uns. Bespricht man die Idee mit anderen, die sich ebenfalls begeistern lassen, dann empfinden die Archangeloi mit einem mit. Aber der Plan sollte durchdacht sein und klar in Worte gefasst werden. Dazu gibt es die Hilfe der Angeloi, der Botschafter der Geistgedanken, folgerichtig auch «Denkkräfte» genannt. In so einem kleinen Beispiel werden hinter den Denkkräften schon Archangeloi als Gefühlskräfte und Archai als Willenskräfte spürbar.

Die höheren Welten sind uns viel näher, als wir uns das gewöhnlich vorstellen. Manchmal bemerken wir das. So kann man in einem guten Gespräch, in dem gegenseitiges Interesse, Verständnis und Respekt aufblühen, zum Bei-

Die höheren Welten sind
uns viel näher, als wir uns
das gewöhnlich vorstellen.
Manchmal bemerken wir das.
So kann man in einem guten
Gespräch, in dem gegenseitiges
Interesse, Verständnis und
Respekt aufblühen, zum
Beispiel wahrnehmen, dass die
eigene Aufmerksamkeit sich
für den Andern öffnet und
dass der Andere sich ebenfalls
öffnet. Seelen öffnen sich.
Dann spürt man schon leise
etwas von einer anderen Welt.

spiel wahrnehmen, dass die eigene Aufmerksamkeit sich für den Andern öffnet und dass der Andere sich ebenfalls öffnet. Seelen öffnen sich. Dann spürt man schon leise etwas von einer anderen Welt. Wenn man dabei in der Lage ist, das eigene Denken, Fühlen und Wollen voneinander zu unterscheiden, dann hat man im Kennenlernen der eigenen Seele bereits einen wichtigen Schritt gemacht. Und wenn es gelingen würde, Denken, Fühlen und Wollen auch beim anderen Menschen getrennt voneinander wahrzunehmen, dann würde man bemerken, wie das eigene Denken, Fühlen und Wollen und die Seelenkräfte des Anderen wie lebendig strömende Kräfte durcheinander weben, aufeinander wirken und zusammenspielen. Gelänge dies, dann wäre man schon wieder einen Schritt weiter in der Suche nach den Geheimnissen der Menschenseele. Laut Rudolf Steiner ist in einem guten Gespräch die ganze Hierarchie der Angeloi, Archangeloi und Archai aktiv tätig. Sie sind, wenn in einem Gespräch Stille herrscht, in der Lage, fruchtbare Bilder, Einfälle und neue Öffnungen zu vermitteln. Die Engel leben dann in einem selbst, in dem Gesprächspartner und zwischen beiden hin und her webend. Das alles beinhaltet bereits das erste Wort des Grundsteinspruchs: «Menschenseele»!

Den griechischen Namen der uns am nächsten stehenden Hierarchie habe ich nun unbefangen und ohne Weiteres hingeschrieben, aber da sollte noch etwas hinzugefügt werden. Rudolf Steiner spricht das mit ganz nüchternen, fast alltäglichen Worten aus: «Nehmen wir einmal einen

Gedanken, also das, was wir als Menschen denken. Zunächst sind diese Gedanken in unserem Bewusstsein. Sie sind zugleich in dem Bewusstsein der Wesen der nächsthöheren Hierarchie, der Angeloi, der Engel. Während wir einen Gedanken haben, ist unsere ganze Gedankenwelt zum Beispiel Gedanke der Engel. Die Engel denken unser Bewusstsein.»[5] (Siehe am Schluss die Erläuterung der Fundstellen).

Der Zusammenhang von Mensch und Engel wird hier ganz einfach, nüchtern und unmittelbar beschrieben. Aber wer sind diese Wesen über uns, in dieser nächst-höheren Hierarchie über dem Menschen? Wir schauen auf Abbildungen von Engeln in Museen, Büchern, Zeitschriften, Ikonen, Postkarten und im Internet. Wir würden uns jedoch stark irren, wenn wir diese äußeren Abbilder der Engel auch nur im Traum für Wirklichkeit halten würden. Und doch, wenn man ein schönes Bild von einem Engel als Postkarte o. Ä. auswählt, überlegt man möglicherweise für einen Moment, wie das Bild zustande gekommen ist. Vielleicht wartete der Künstler andächtig auf eine innere Eingebung, die ihm dann glücklich durch die Hand ins Bild floss, vielleicht waren die Werke anderer großer Künstler Quelle seiner Inspiration? Wurde die Arbeit mit liebevoller Hingabe ausgeführt, begleitet von Erkenntnis und Konzentration, dann wirkten Engelstimmen als Inspirations- und Imaginationskräfte mit. Und wenn man sich dann selber die Ruhe nimmt, um sich dem Kunstwerk hinzugeben, dann können aufs Neue Engelstimmen zum Klingen kommen. Es sei denn, unser alltägliches Bewusstsein, der Besserwisser, der Wortklauber und Eilemacher, erscheinen in uns und bilden Karikaturen. Das geschieht leider zu oft und zu schnell.

Letztens hörte ich, wie die Wirkung von den Engeln auf subtile Weise ins Bild gebracht wurde. Es erzählte mir eine Bekannte, dass sie sich eine Antwort auf eine Frage wünschte. Sie wurde innerlich ganz still. Und dann kam da eine Art wie ein leiser Atem an sie heran, ein unausgesprochener, aber doch verstandener Gedanke an sie heran. Ein Bild wie dieses kann man in sich selber weiterarbeiten lassen, es kann einem viel sagen. Aber es bleibt dennoch eine Vorstellung. Atem und Luft sind Vorstellungen aus der physischen Welt, an der die Engel nicht teilhaben. Sie sind Denkkräfte, Gefühlskräfte, Willenskräfte. Oder lieber und besser gesagt: Sie leben in dem dynamischen Zusammenspiel zwischen denken, fühlen und wollen. Ihre Stimmen sind manchmal hörbar, wenn man sich dafür öffnet. So klingt dann auch dreimal im Grundsteinspruch am Ende der Strophen das vorher Entfaltete bekräftigend: «Menschen mögen es hören!»

Es gibt viele Abbildungen von Engeln, und doch, die Bilder von den Engeln sind dem Wesen der Engel nicht ähnlich. Im frühen esoterischen Christentum verstand man diese Tatsache sehr gut. Dionysios der Areopagite schrieb schon damals: «Engel sind Denkkräfte» (*Nous* im Griechischen), sie sind geistige Wesenheiten. Er warnte nachdrücklich davor, die Abbildungen von Engeln mit ihrer Wirklichkeit zu verwechseln. Ikonen von Engeln sind Andeutungen ihrer geistigen Qualitäten, so sagt er in *Über die Himmlische Hierarchie,* Nr. 332A: «Die Füße deuten auf das Bewegliche, schnelle, gewandte Bewegen, immerfort auf dem Wege zum Göttlichen» hin. Und: «Die Leichte der Flügel deutet hin auf das ohne Bindung zur Erde, mit nichts vermischt, ohne Gewicht sich zum Höchsten hinaufführen lassen». Und: «Die Kraft der Augen heißt das sanfte, geschmeidige, nicht widerstrebende sich schnell bewegende und reine leidenschaftsfreie sich Öffnen für die Erleuchtungen Gottes.»

Und doch sind die Ikonen mehr als nur Symbolik. Nein, sie zeigen uns keine sinnlichen Dinge. Und nein, sie sind keine Symbole für tote, abstrakte Begriffe, nein, Ikonen deuten auf geistige Qualitäten hin, die es wirklich gibt. Geistige Realitäten sind unserem Denken viel näher, als wir manchmal denken.

Um das Vorhergehende zu verdeutlichen, wähle ich ein ganz einfaches Beispiel: Sankt Nikolaus! Sankt Nikolaus? Die Auffassung, dass es ihn nicht geben würde, sehe ich als einen dummen Irrtum an. Sankt Nikolaus, das sind wir selbst. Es gibt ihn in uns. Sankt Nikolaus spielen kommt aus den Tiefen der Seele. Im Inneren lebt die Bereitschaft, dem Anderen zu helfen, ohne Eigennutz, am liebsten unbemerkt. Die allermeisten Menschen kennen dieses Vermögen zur Nächstenliebe. Letztens, als ich von meinem Fahrrad gefallen bin, schossen sofort von allen Seiten Menschen auf mich zu, die helfen wollten. Zum Abschied reichten ein Lächeln und ein Dankeswort. Diese Kraft, diese Hilfsbereitschaft gibt es wirklich im Menschen. Sie ist ein geistiges Wesen, das in mythologischen Erzählungen, in Legenden und biblischen Geschichten auf vielerlei Weise anschaulich gemacht wird. Sehr lebendig wird diese Kraft als der immer wiederkehrende, unverwüstlich beliebte «Sinterklaas» veranschaulicht. Er ist ein Symbol. Aber auch mehr als ein Symbol. Er ist eine Kraft in uns, die uns anspornt, etwas zu bedenken, die Wärme generiert und zu Taten antreibt. Er lässt einen mit lächelnder Heimlichkeit Geschenke einpacken. Er ist eine Denkkraft, die das Herz und den Willen ergreift. Sage bitte nicht, das dabei Gedachte und Gefühlte würde nicht wahr sein, würde nicht existieren! Das ist Unsinn. Es ist ja direkt erfahrbar. Man kann es aber auch etwas tiefer auffassen. Das Vorhaben, jemandem ein kleines Geschenk zu machen, kommt in einem auf als eine Botschaft von deinem Engelwesen, das sich in der Sankt-Nikolaus-Zeit gerne als uralter Weiser mit Mitra und Bart zeigt oder in der Weihnachtszeit in der Gestalt von Santa Klaus. Dahinter steckt ein geistiges Wesen, eine Gedankenkraft, die Liebe und Wärme spendend und willenskräftig in der Welt tätig sein möchte.

Es gibt aber viele Widerstände gegen solche Liebesimpulse. Auf dem Wege vom Geiste zur Erde ist der schön gefasste kleine Plan allerhand Gefahren ausgesetzt. Angst und Zweifel, ob die Idee wohl willkommen oder nicht willkommen sein wird. Man kann auch über Hinausschieberei, Faulheit, Vergesslichkeit straucheln, der Postbote ist zu spät usw. usw. Das sind alles geistige Wesen niederer Art, die den Weg zur Erde verschmutzen oder gar verstopfen. Die guten Absichten des Heiligen Nikolaus bleiben dann irgendwo in der Luft hängen.

In den Niederlanden sendet er seine Geschenke durch den Kamin, und natürlich bekommen seine Helfer dann

Die Engel sind lebendige Denkkräfte! Manchmal erscheinen sie als Bilder, manchmal als Einsichten, dann wiederum als Eingebungen oder Inspirationen, die uns beflügeln, oder auch als Traumbilder, Ahnungen oder Gefühle, die Gedanken erwecken und uns zum Handeln antreiben.

Rußflecken, lernen die Kinder dort. Wer die geistige Bedeutung solcher Bilder nicht versteht, wird wohl kaum etwas von den Engelhierarchien verstehen. Oder von mythologischen oder biblischen Bildern: wie zum Beispiel die Taube als Bild für den Geist, Gott als schützender Adler, die griechische Leda mit ihrem Schwan, Cupido mit seinem Pfeil, der ägyptischen Horus als Falke usw. Wirklich existierende hohe Geister erscheinen uns in dieser Art von Bildern verhüllt dargestellt. Wir sollen sie selber enthüllen, mit unserem eigenen Denkvermögen.

Leider nehmen wir unsere Denkkräfte nur in ihrer abstrakten Gestalt wahr, in erstorbenen Gedanken, ohne die Stimmen der Engel in und um uns zum Leben erwecken zu können. Die Engel sind lebendige Denkkräfte! Manchmal erscheinen sie als Bilder, manchmal als Einsichten, dann wiederum als Eingebungen oder Inspirationen, die uns beflügeln, oder auch als Traumbilder, Ahnungen oder Gefühle, die Gedanken erwecken und uns zum Handeln antreiben. Auch wenn man sie nicht sieht, sie existieren. Sie wohnen in den Menschenseelen.

Du lebest in deinem Leib

Jede Strophe des Grundsteinspruchs fängt mit einem Aspekt der Leiblichkeit an. Die Glieder werden im Raum, Herz und Lunge in den Rhythmen und das Haupt in Gedankenruhe angesprochen. Wir leben in unserem dreigegliederten Leib. Das klingt zunächst rätselhaft und das ist es auch. Die Glieder sind schon etwas Wunderbares, harte

Knochen und Muskeln, strömendes Blut voller Energie in Form von Sauerstoff. Der Herzens-Lungen-Schlag ist der erstaunliche Rhythmus, der sich zwischen Herz und Lunge vollzieht und Äußeres mit Innerem verbindet. Und das ruhende Haupt?

Sicherlich geht es hier nicht um die Ruhe, die man auf dem Kopfkissen genießt. Im Denken ist es gar nicht einfach, die Tätigkeit des Hauptes wirklich zur Ruhe zu bringen. Es ist ein wundersamer Organismus: Glieder, Herz und Lunge und dann ruhendes Haupt, gebildet aus festem, flüssigem, gasförmigem Stoff, von Wärme durchzogen und zum Leben erweckt von geheimnisvollen Lebenskräften. Ohne diese Lebenskräfte würde der Körper sofort sterben.

Was aber sind Lebenskräfte? Schauen wir einen Apfel am Baum oder einen Baum voller Äpfel an. Die Naturwissenschaft kann gut berechnen, wie die Äpfel vom Baume fallen, aber niemand kann erklären, wie die Äpfel da oben in den Baum gekommen sind. Man kommt mit einfachen Schulerklärungen wie Druck der in den Zellen einer Pflanze enthaltenen Flüssigkeit auf die Zellwände oder elektromagnetischer Kraft, aber das sind technische Fantasien. Die Kräfte der Lebenssphäre sind hier als aktiver Lebensprozess tätig. Man kann sie allerdings mit Hilfe der Aufmerksamkeit erkennen. Es sind die Kräfte, die im Wasser wirksam sind, überall da, wo das Wasser sich eigene Organe schafft. Durch diese strömt der Saft der Pflanzen und Bäume hinauf und hinunter. Normalerweise strömt das Wasser immer hinunter, wie die Bäche und Flüsse, der Regen, die Dusche und der Wasserhahn in der Küche uns zeigen. Aber wenn Wasser lebendig wird, will es steigen! Daran erkennen wir die ätherischen Kräfte des Wassers. Die Engelhierarchie der lebendigen Natur, die zweite Hierarchie, in der die Engelwesen der Kyriotetes, Dynamis und Exusiai tätig sind, wirkt und webt hier und erweckt das Wasser zum Leben. Aus dieser Sphäre stammt das merkwürdige Wort «Geistesmeereswesen» im Grundsteinspruch. Wer das Meer kennt, weiß wie es in fortwährend wechselnden, immer neuen Bewegungen lebt.

So gesehen, ist das Leben überall anwesend, auch im Bodenwasser. Es durchwebt als lebendiges Leben alles über der Erde, da wo das Wasser sich Organe schafft, um gegen die Schwerkraft aufwärts zu strömen. Und auch um Pflanzen und Bäume herum ist Leben. Wir wissen, dass sie fortwährend Luft atmen, auch wenn wir das nicht direkt wahrnehmen können. Noch umfassender sehen wir dieses lebendige Leben überall dort, wo die Vögel atmen, in der ganzen Lebenssphäre der Erde.

Auch die Luft kann sich eigene Organe schaffen. In der Pflanzenwelt wirkt die Luft noch ganz von außen. Das benötigte Kohlendioxid, der Regen und die Energie werden von Luft und Licht herangetragen. Aber dann folgt ein Umschwung. Die Luft bildet eigene Organe aus, sie bildet die Lunge, es wächst eine eigene Innenwelt heran, um die Luft aufsaugen zu können. Die Lungen sind verbunden mit ihrem eigenen Blutkreislauf, einem Verdauungssystem, eigenen Gliedern, die sich im Gegensatz zu Pflanzen von innen heraus bewegen. Diese eigenen Bewegungen zeigen die Tiere in wunderbarer Weise. Jede Art entwickelt sich langsam auf eine eigene, erstaunliche, charakteristische Weise. Sieh, wie heftig ein Hund einen anderen Hund attackiert, wie ruhig die Kuh wiederkäuend daliegt, wie stolz und keck ein Pfau prahlt, wie majestätisch ein Vogelschwarm vorbeizieht, hoch oben in der Luft. Das sind uns vertraute, dem Alltag entsprungene Beobachtungen. Und durch Dokumentarfilme können wir auch die aufregende, erschütternde, verblüffende, zauberhafte Tierwelt ferner Länder kennenlernen. Für alle Tiere dieser Welt gilt es aber, dass sie Sauerstoff brauchen und deswegen Lungen besitzen – oder die Fische Kiemen. Und dieses so mannigfaltige Tierleben gibt es dank der wundersamen Fähigkeit der Luft, sich in die Lunge als ihr eigenes Organ abzusondern, mit dem Blutkreislauf, Sinne und Bewegung verbunden sind.

In Wasser, Luft und Licht wirken noch weitere kosmische Kräfte. Es sind die Astralkräfte aus der Sphäre der Kyriotetes, Dynamis und Exusiai, die in Luft und Licht ihre Wirksamkeit zeigen.

Alles Gesagte gilt auch für den Menschen. Tragen wir nicht die Gesetzmäßigkeiten der Pflanzenwelt und der Tierwelt ebenfalls in uns? Auch wir werden geschaffen, gestützt und getragen von den wirksamen Kräften der zweiten Hierarchie. In dieser Hinsicht sind wir auch Tiere.

Heute können wir in jeder Zeitung lesen, dass wir Tiere sind, «nackte Affen». Und ist das nicht in einem gewissen Sinne zutreffend, wenn wir unsere nie endenden raubtierhaften Begierden und unsere Habsucht in Betracht ziehen?

Dennoch gibt es einen sehr wichtigen und scharfen Unterschied zwischen Mensch und Tier: Der Mensch beherrscht das Feuer. Die Tiere haben, wenn es brennt, keine andere Wahl, als vor dem Feuer zu fliehen. Die Menschen können sich das Feuer zu Nutze machen, seien es Lagerfeuer, Feuer zum Kochen, Hochöfen oder die heutigen, zahllosen technischen Anwendungen, die letztendlich vom Feuer gespeist werden. Es war Prometheus, der uns das Feuer aus dem Himmel geraubt hat – ein mythologisches Bild, über das man tief nachdenken kann. Denn das Feuer der Götter ist ja kein sinnliches Feuer. Im mythischen Sinne vielleicht doch. Wenn allerdings auf der Erde der Blitz einschlägt, brauchen wir Prometheus nicht. Nein, da müssen wir auf eine andere Ebene schauen. Das Licht der Götter ist unsere Denkkraft, unsere Vernunft, unsere Fähigkeit zur Reflexion. Göttliches Licht ist das, womit wir gelernt haben, das Feuer zu beherrschen und zu verstehen. Aus diesem Verstehen der Lichtkräfte ist die Entwicklung der menschlichen Kultur hervorgegangen. Kein Wunder, dass Prometheus für seinen Raub des Feuers so hart bestraft wurde.

Dem Grundsteinspruch zufolge verdanken wir dieses innere Feuer den «Götterzielen». Ein geheimnisvoller Name, der auf die Ewigkeit und zugleich auch auf die Zukunft deutet, dem Namen des Prometheus gleich. Der griechische Name «Prometheus» bedeutet: wer ein Ziel hat, wer vorausschauen kann. Vorausschauen ist genau das, was man braucht, um das Feuer zu beherrschen. Und nicht nur das, im umfassenden Sinne bekommt man das Denken «zu freiem Wollen» von den Götterzielen geschenkt. Mit «Göttern» meint Rudolf Steiner meistens die Engelhierarchien. Hier sind es die Angeloi (Engel), die als Boten vom Himmel in uns das Licht des Denkens entzünden. Archangeloi (Erzengel) schenken die Liebeskräfte, die sie ebenfalls von noch höheren Hierarchien empfangen. Das gilt auch für die Archai (Urbeginne), die unseren Willen beflügeln mit Initiativkräften, die wir für die Welt einsetzen können.

Folgen wir Rudolf Steiner noch etwas weiter in seinen Beschreibungen der himmlischen Hierarchien, dann sehen wir, dass die dritte Hierarchie im menschlichen Bewusstsein tätig ist, die zweite Hierarchie in der Lebenssphäre, die wir mit Pflanzen und Tieren teilen. Von den schaffenden Denkkräften der Exusiai werden wir hervorgebracht. Sie hauchen uns den Lebensatem ein und schaffen denkend die Formen unserer Leiblichkeit, wie diejenige von allen lebendigen Wesen. Sie waren nicht nur bei der Schöpfung des mythischen Paradieses tätig, sondern sie sind das fortwährend, jeden Tag und jede Minute. Zutreffend nennt Rudolf Steiner die Exusiai auch «Geister der Form».

Form entsteht aus Bewegung. Alle physischen Formen entstehen aus Bewegung, auch mathematische Formen werden aus Bewegung gedacht. Hinter den Geistern der Form sind immer die Geister der Bewegung tätig, die «Dynamis» (in der Schreibweise Rudolf Steiners), die die Bewegungen von Sonne, Mond und Planeten, von Wind und Wolken und die Wellenbewegungen von Ebbe und Flut aus der höchsten Hierarchie anwenden, um in der lebendigen Natur die Säfteströme, die Blutkreisläufe, das Atemholen in fortwährender wechselseitiger Bewegung zu erschaffen, in jedem Augenblick.

Den Bewegungen und Wachstumsformen lebendiger Wesen haftet etwas Besonderes an. Alle besitzen eine eigene Charakteristik, der eine ganz spezifische Weisheit innewohnt. Das steckt tief im Inneren des Menschen. Ein kleines Kind versucht in jeder Hinsicht ein guter Mensch zu werden. Der Samen einer Pflanze versucht seiner Art folgend eine schöne Pflanze zu werden. Aus der Vergangenheit gedacht, kann man das Vererbung nennen. Wir sehen aber auch ein auf eine lebendige Zukunft ausgerichtetes Streben, welches in immerwährender Wandlung der Form und Bewegung eine eingeborene Weisheit manifestiert. Diese innere Weisheit ist die Gabe von hohen Engelwesen, die den griechischen Namen Kyriotetes tragen. Rudolf Steiner nennt sie «Geister der Weisheit». Sie sind die schaffende Willenskraft der Weisheit, die Pflanzen und Tieren eingeboren ist und bei Menschen zu freiem Wollen werden kann. Jedes lebendige Wesen zeigt uns das Verlangen, diese Gabe der Kyriotetes so gut wie möglich in Bewegung und Form zum Ausdruck zu bringen.

Nun können wir uns fragen: Lebt die Weisheit wirklich in der Natur der Pflanzen und Tiere? Ist, was wir in den Naturreichen beobachten können, Weisheit? Oder werden diese lediglich von den Gesetzen der Vererbung und des Tierverhaltens beherrscht? Dazu drei Bemerkungen.

Zuerst diese. Ich versuche bei meiner Beschreibung rein phänomenologisch vorzugehen, also anhand von Erscheinungen, die für jeden sichtbar sind. Die phänomenologische Betrachtungsweise von Pflanzen und Tieren und auch des Sternenhimmels heißt: das Zurückhalten von Annahmen und Urteilen. Das kann uns außerordentlich viel lehren. Auch diese Art der inneren Enthaltsamkeit gehört zum Pfad der Verehrung.

Der zweite Punkt betrifft eine traditionelle Interpretation der biblischen Schöpfungsgeschichte. Dort, wo geschrieben steht, dass Pflanzen und Tiere «jeweils nach ihrer Art» geschaffen wurden. Das heißt: nach ihrer ihnen eingeborenen Weisheit. Durch eine starre Neigung im theologischen Denken entstand daraus leider die Idee, dass die Arten deshalb in ihren Formen für die Ewigkeit festgelegt seien und sich nicht weiterentwickeln könnten. Doch das steht so nicht in der Bibel. Im Gegenteil. Durch den phänomenologischen Blick meine ich sogar eine Umkehrung der üblichen Sichtweise wahrzunehmen: die Gabe der Kyriotetes, die eingeborene Weisheit jeder Art, kann die Gesetze der Vererbung und des tierischen Verhaltens nutzen, um die Weisheit einer Art langsam weiterzuentwickeln.

Inzwischen ist der Mensch selber durch Genmanipulation und andere Techniken in der Lage, die Stellung der Geister der Weisheit einzunehmen. Wir können die Weisheit der Kyriotetes für den Geist der Habsucht einspannen. Es entsteht dann die ahrimanische Variante eines Wesens aus der zweiten Hierarchie, welches vielleicht auf eigene Faust weiter wuchern wird. Wir sollten viel vorsichtiger sein im Umgang mit unserer Mutter Natur.

Als Drittes noch einige Gedanken zum Schöpfer in der biblischen Schöpfungsgeschichte. Er wird im Grundsteinspruch so schön als «waltendes Welten-Schöpfer-Sein» und als «Vater-Geist der Höhen» umschrieben. Von Ihm aus wird der allgegenwärtige Schöpfungsvorgang *mittels der Engelhierarchien* vollzogen, wie Rudolf Steiner es in mächtigen Bildern in seiner *Geheimwissenschaft* beschreibt. Im Grundsteinspruch wiederholt er dies in äußerster Kürze, indem er jedes Mal eine folgende Hierarchie anruft. Die Hierarchien schaffen also nicht selbständig. Der Schöpfer lässt sozusagen seine Schöpfungsworte durch die Hierarchien hindurch erklingen. So erschafft er durch sie: durch die erste Hierarchie die Materie, durch die zweite Hierarchie das Leben und durch die dritte Hierarchie das menschliche Bewusstsein.

In der biblischen Sprache wird der Schöpfergott auf Hebräisch «Elohim» genannt, das ist grammatisch im Plural, mit den dazugehörigen Verben merkwürdigerweise jeweils im Singular. Laut Rudolf Steiner gehören die Elohim zur Trinität und reichen von dort aus durch die Hierarchien bis zur Sphäre der Exusiai. Er nennt sie deshalb auch kurzerhand Exusiai, Geister der Form, und in dieser Rolle schaffen sie als Gedanken die Gestalt jedes Menschen. Sie opfern sich in vielerlei Formen der Erde als Elementarwesen, um so ihre feurigen Spuren wirksam werden zu lassen. Auf diese Weise schaffen sie auch unsere Glieder.

Unsere Gliedmaßen sind jedoch auch problematisch. Ich habe schon erwähnt, dass Ahriman – wie auch Luzifer – imstande ist, sogar die Kyriotetes zu täuschen und in seinen Bereich zu ziehen. Das kann er daher erst recht mit dem Menschen tun! Unsere Glieder enthalten Feuerkraft. Wir können sie menschlich, aber auch tierisch, von Begierde und Aggression erfüllt, handhaben. Mit unseren Gliedern können wir alles tun. Sind sie nicht die Pforte zu der uns umgebenden Welt? Im Handeln lassen wir uns herauf und herab ziehen, wir streben das Höhere oder Niedere an, wir haben die Wahl. In der Energie unserer Glieder sind einerseits Begierde, Angst und Aggression verborgen, anderseits aber auch die Stimme unseres Gewissens, unserer moralischen Impulse. All das lassen wir durch unsere Glieder in die Welt hineinströmen. Kurz gesagt, das Wort «Glieder» bringt uns in eine Welt grundsätzlicher Fragen.

Manchmal spricht Rudolf Steiner sehr skizzenhaft, so heißt es beispielsweise: Im physischen Aspekt der Welt erkennt man die Wirkung der höchsten Engelhierarchie. In der lebendigen Natur wirkt die zweite Hierarchie. Die menschliche Seele ist der Schauplatz der dritten Hierarchie. Rudolf Steiner beginnt dann aber sofort, ein solches Schema zu erweitern und zu dynamisieren, wodurch alles in Bewegung kommt. Kaum hat man verstanden, dass die Angeloi das innere Licht in unserem Bewusstsein entzünden, scheint es schon wieder anders zu sein, wenn er sagt, dass die Angeloi Sonnenbewohner sind und die Lichtkraft in unseren Augen erwecken.

Aber tatsächlich, damit erwecken die Angeloi gerade auch unser Bewusstsein, das ebenso weit ist wie das göttliche Licht. Über die Sphären der ersten und zweiten Hierarchie wird dieses Licht als Gabe von der dritten Hierarchie in unserem Bewusstsein erweckt – wenn wir es sehen wollen.

Aber zugleich ist Licht viel größer und mächtiger als unser Bewusstsein. Schauen wir im Frühling, wie die Pflanzenwelt durch das Licht geweckt wird. Ganz früh im Frühling sogar schon unter der Erde scheinen die Pflanzen zu rufen: «Hinauf, hinauf, zum Licht!» In den Bewegungen der Tiere, in Sonne, Mond und Sternen und in den Weltenrhythmen lebt das Licht als Wirkung der zweiten Hierarchie. Von den biblischen Elohim wird ausgesprochen, gerufen, gesungen: «Es werde Licht!» Dieses Licht befeuert uns am Morgen, es ist das göttliche Licht, das von Sonnenaufgang bis Sonnenuntergang vom Osten nach Westen über uns her zieht.

Es gibt aber auch eine Bewegung der Sonne in umgekehrter Richtung. Das ist der Gang der Sonne von West nach Ost durch die Zeichen des Tierkreises, vom Sommerpunkt zum Herbstpunkt, zum Winterpunkt, zum Frühlingspunkt. Das ist eine Wirksamkeit der ersten Hierarchie. In der Textsammlung findet sich dazu eine schöne Beschreibung.[6]

Wer nun glaubt, dass in diesem Schema festgelegt ist, wie das Licht sich durch die drei Hierarchien offenbart, irrt sich. Rudolf Steiner bringt das Schema erneut in Bewegung. Vor der Schöpfung ruhte das Licht im Schoße der Trinität, von wo aus die Elohim fortwirken zur ersten Hierarchie, dann zur zweiten Hierarchie, bis zu den Exusiai. Das Denken Rudolf Steiners wellt und webt hin und her zwischen verständlichen Schemata und dem funkelnden, strahlenden, pulsierenden, sich metamorphosierenden Leben darinnen und dazwischen.[7]

In diesem Moment schaue ich aus meinem Fenster und sehe, wie das Licht der Sonne zwischen hunderten von treibenden Knospen einer Magnolie spielt. Es lebt eine geheimnisvolle Weisheit in der Magnolie, den ganzen Winter über schlummernd in den Knospen, wartend auf den richtigen Moment, erscheinen zu dürfen. Jetzt ist

*Das Schema der Engel-
Hierarchie ist nur ein
Gleichnis dieser Hierarchie
im menschlichen Denken,
auf einer für Erdbewohner
verständlichen Ebene.
Dennoch gibt es Weisheit in
den Schemata. Sie helfen uns
ein tieferes Verständnis zu
erlangen.*

das Licht gekommen. Das Licht schenkt dem Baum die Kraft, in Bewegung zu kommen und Blumen, Blätter und Früchte hervorzubringen. Sein Wachstum ist Bewegung, behutsame Bewegung, die sichtbar wird in aufeinanderfolgenden Formen, vom Blatt zur Blume, von der Blume zur Frucht. Also sehen wir hinter den Geistern der Form die Geister der Bewegung und wiederum dahinter die Geister der Weisheit. Oder: hinter den Exusiai die Dynamis, dahinter die Kyriotetes. Haben wir nun die zweite Hierarchie in einem ordentlichen Schema eingefangen? Aber nein! Das Schema ist nur ein Gleichnis dieser Hierarchie im menschlichen Denken, auf einer für Erdbewohner verständlichen Ebene. Dennoch gibt es Weisheit in den Schemata. Sie helfen uns ein tieferes Verständnis zu erlangen.

Neulich durfte ich einen Moment erleben, in dem die erste Hierarchie für mich aufleuchtete. Ich war in einem Mineraliengeschäft nicht weit vom Binntal im Wallis, wo viele Kristalle gefunden werden. Da prangte ein großer, glänzender, klarer Kristall mit seiner mathematischen Formkraft und ich musste an Worte Rudolf Steiners aus der elften Stunde des esoterischen Zyklus denken: «*Welten-Grundes-Mächte, Schöpfer-Liebes-Glänzen!*» Da lag dieser Kristall in seinem Glanz, aus den Tiefen heraufgeholt, aus der Sphäre des Schöpfers. Ich sah die Formkraft, reine Formkraft, nicht nur von außen, aber auch tief innen. Materie in ihrer schönsten Art, eine Botschaft der Throne. Und durch den ganzen Kristall hindurch strahlte eine Lichtqualität, eine reine harmonische, liebevolle Lichtqualität, von den Cherubim oder den «Geistern der Harmonie» geschenkt, die manchmal bis zu unserem

Gewissen durchklingen können. Man möchte eigentlich so rein wie ein Kristall sein. Und so zeigte sich der Kristall in dem einzigartigen Charakter des Bergkristalls, in seiner unverwechselbaren sechskantigen Form. Eine Zeile aus dem Seelenkalender tauchte dann in meinem Innern auf: «*Ich fühle wie verzaubert im Weltenschein des Geistes Weben.*» Verzaubert, ja, zutiefst verborgen, lebt ein sehr hohes Bewusstsein im Erdenstoff, es erscheint wie ein Leben in dem Tode.

Tief in sich verzaubert, als Geschenk der höchsten Hierarchie, hat der Kristall die Willenskraft, zu *sein.* Um dieses *Sein* zu realisieren, nimmt er die dazu benötigten Mineralien direkt aus seiner Umgebung, ohne Saftstrom, ohne Atemholen im Dazwischen. Die Wirksamkeit des Schöpfers ist im Kristall direkt «Sein-erzeugend», wie es im Grundsteinspruch durch ein erklingendes Wort der Seraphim, Throne und Cherubim heißt.

Ist das *Sein* des Kristalls nun festgelegt? Nein, gar nicht! Warten wir nur, bis die mächtige Wirkung der Weltenrhythmen und der Winde, Wolken und Schneemassen die Kristalle vernichtet. Sie werden zum Kies und Kiesel und zu Sand. Dann beginnt die zweite Hierarchie mit ihrer Tätigkeit und schafft Wiesen voller Alpenblumen oder auch hinter unserem Haus die Magnolie, in der jetzt eine Amsel singt. Wir Menschen sehen all das, hören es, fühlen es, solange die dritte Hierarchie uns die Gabe zum Sehen und Hören schenkt. Man könnte fragen: gibt es Engelschöre im Garten? Liegt dieser Anschauung der hinter der Sinneswelt tätigen Wesen ein Schema der Engelhierarchien zugrunde? Nun wenn, dann hätte das Schema nur Bild-

Charakter, keinen Seins-Charakter. Also sollten wir dann auf das Schema verzichten? Nein, keineswegs, denn Rudolf Steiner verwendet als einfaches Hilfsmittel für unser denkendes Bewusstsein immer wieder Schemata. Sie sind ein erster Schritt, Klarheit über das wunderbare Zusammenspiel der Engelhierarchie in uns und in Welt zu gewinnen.

Die Raumeswelt

Die Raumeswelt, was ist damit gemeint? In einem Kurs über die vierte Dimension fragt man Rudolf Steiner, ob wir uns die Wirksamkeit der Hierarchien der Engel räumlich vorstellen sollten oder unabhängig vom Raum.
Rudolf Steiner antwortet: «nicht räumlich vorstellen aber dürfen wir uns die höchste Trinität, denn der Raum ist auch ihr Erzeugnis. Die (geistigen) Wesenheiten haben wir uns aber ohne den Raum vorzustellen [...] Aber die Wirkungen der Hierarchien in unserer Welt sind räumlich begrenzt, wie die des Menschen.»[8]

Folgen wir Rudolf Steiners grundlegendem Werk *Die Geheimwissenschaft im Umriss* (GA 13), so beginnt das Wirken der Hierarchien mit der Ur-Saturn-Phase, in der die Throne mit ihrer Wärme einen Raum bilden, an den in unserer Zeit die Saturnbahn immer noch etwas erinnert. Das heißt, dass wir uns die grandiosen Fernblicke der *Geheimwissenschaft* innerhalb der Räumlichkeit unseres Planetensystems vorstellen müssen. Unser Planetensystem ist ein geheiligter, lebendiger Raum, erfüllt von den Wirkungen des göttlichen Weltenwortes, das die Engelhierarchien erklingen lassen, und umgeben von dem göttlichen Liebesmantel der Seraphim. Vom rein astrophysischen Gesichtspunkt ist dieser Eigenraum unseres Planetensystems heute als von der Heliopause umschlossene Heliosphäre bekannt.[9]

Das beliebte populäre Bild der Erde ist inzwischen in eine rasante Entwicklung hineingeraten. Die ersten vom Mond aus aufgenommenen Bilder von unserem Planeten atmen noch die Atmosphäre unserer Erde als einem einzigartigen ätherischen Wesen. Die Erde ist unsere Heimat, sie ist unsere einzige Erde, die uns moralisch auffordert, sie sorgfältig zu pflegen. Es sind diese immer perfekter werdenden Bilder aus den Jahren zwischen 1968 und 1972, die den Anfang des Umweltbewusstseins markierten. Das sind auch die Bilder der Erde, von denen ein moralischer Aufruf ausgeht. Die Forschungen des *Club of Rome* zur Umweltsituation erschienen im letztgenannten Jahr, 1972. Da begannen wir unsere Erde als den einzig denkbaren Weltenkörper zu sehen, fragil, rund und blau im Weltraum.

Ein halbes Jahrhundert danach, 2022, erhielt die Welt ein völlig anderes Bild vom Weltraum. Das Weltraumteleskop *James Webb* schwebt zwischen Sonne und Erde, irgendwo an einem Gleichgewichtspunkt, wo es sich ruhig mit uns mit bewegt. Mit diesem Teleskop suchen die großen Raumforscher nach dem «Big Bang», dem ersten Licht, nach dem Moment oder dem Punkt, von dem aus der allumfassende Zusammenhang des Kosmos verstanden werden kann. Das erste Licht versuchen sie so zu ergründen.

Das Teleskop hat wunderbare Bilder des Weltraumes zur Erde gesendet, mit tausenden von Galaxien, die sich durch einen fantastischen Raum bewegen. Wir sehen so einen unendlichen Raum, durch einen winzig kleinen Blickwinkel. Hält man ein Stück Papier mit einem Nadelstich auf Armlänge vom Auge weg, dann sieht man genau, wie unwahrscheinlich klein der Teil des kosmischen Raumes ist, der auf diesem berühmten, zum ersten Mal veröffentlichten Bild des Weltraumteleskops zu sehen ist. Durch diesen Nadelstich wird nun ein unbegrenzter Raum, voll mit unzähligen und abermals unzähligen Milchstraßen, sichtbar.

Dieses Bild, das vom amerikanischen Präsidenten persönlich weltweit mit den Medien geteilt wurde, machte sofort einen unauslöschlichen Eindruck. Es konfrontierte das Publikum mit einem völlig neuen Blick auf den Weltraum. Alle Menschen, alle Studenten, alle Schulkinder werden ab jetzt mit diesen Bildern erzogen. Meine Enkelkinder erzählen begeistert davon. Suche nur im Internet nach «Pictures James Webb» und dann liest man in diesen Bildern sofort: die Erde ist nicht der einzige Planet! Gar nicht! Millionen von Planeten mit Wasser und lebendigen Wesen müssen noch zu finden sein! Irgendwann wird es wohl möglich sein, dahin reisen zu können! Es gibt diese Art von technischen Hoffnungen heute. Aber immerhin: die großen Weltraumforscher gehen davon aus, dass die naturwissenschaftlichen Gesetze, die in ihren Köpfen leben, ebenfalls an der äußersten Grenze des Weltalls, vierzehn Milliarden Jahre zurück, galten und nach wie vor gelten werden. Sie interessieren sich nicht für die Bilder, sondern vor allem für die naturwissenschaftlichen Gesetze, die sie darin lesen. Das sind Gesetze in Form von reinen Rechengrößen, die also ebenfalls für das erste Licht gültig wären. So zeigt sich uns der moderne Weg nach außen, zum ersten Licht.

Der moderne Weg nach innen, zum ersten Licht, ist nicht weniger faszinierend. Es werden unzählige Geldsummen investiert, um die innerste Innenseite der Materie, von Molekülen, Atomen, Elementarteilchen, Quarks, Quanten, Higgs-Teilchen usw. zu erforschen, dieses äußerst komplizierte und bewegliche System von interaktiven Kräften. Aber alle Studenten, alle Schulkinder, alle anderen Menschen, die in Schulbüchern, Büchern und auf Bildschirmen nach einem Verständnis der Atome suchen, bekommen nahezu ausschließlich schemenhafte Abbilder von Atomen wie Kügelchen, die sich umeinander drehen, zu sehen. Doch ist das eine völlig irreführende materialistische Vorstellung der Atome, die sich weltweit immer tiefer und tiefer im Denken festsetzt. Die wirklichen Atomforscher wissen es längst besser. Sie sehen die Atome nicht als Kügelchen, sondern als interaktive Kräfte, die sie sich als rein mathematische Rechengrößen denken. Mit Hilfe riesiger Forschungsprojekte hoffen sie die Geheimnisse des ersten Lichtes zu enträtseln.

Während meiner Vorbereitungen fand ich Texten in denen Rudolf Steiner auf den Unterschied in der Auffassung von Atomen eingeht. Er bezeichnet sich rundweg als Gegner der Idee, dass Atome Materiekügelchen wären. Hingegen begrüßt er ein rein mathematisches Modell als einen ersten Schritt in eine mehr geistige Auffassung der

Materie. So sagt er zum Beispiel: «Mit einer Phantastik hat man es zu tun, wenn man das atomistische Dasein, wie man es heute im Auge hat, für ein reales hält. Solange man damit Abkürzungen, Rechnungsmünzen meint für das, was die Sinne zeigen, so lange steht man auf realem Boden. Durchdringt man diesen Boden des Sinnlichen, dann muß man zum Geistigen vorschreiten, dann kommt man auf das Wesen und Weben einer Grundsubstanz, die aber nichts anderes ist als die Leiblichkeit der Throne, die durchsetzt wird von der Tätigkeit der Geister der Form.»[10]

So sehr wir auch nach einem Verständnis von Materie und Raum suchen, uns selber werden wir auf diesem Wege nie erkennen lernen. Die große Mahnung «Erkenne dich selbst» klingt aber aus den griechischen Mysterien herüber. Im ersten Wort des Grundsteinspruchs ist sie bereits enthalten. Diese Mahnung eröffnet den Weg zum Licht des Schöpfers in uns selber, das Licht in unserem Herzen, das Licht, das uns im Verein mit allen Engelhierarchien nach oben führt, zu unseren heiligsten Ahnungen, wo der «Christus-Wille im Umkreis» waltet, Seelen-begnadend, Herzen erwärmend und Häupter erleuchtend, als erstes Licht.

Nach dieser Einleitung über die Ehrfurcht, die Wirkung der Engel und den Raum möchte ich so viel wie möglich – eigentlich alles – der Entdeckungsreise des Lesers durch die Texte von Rudolf Steiner überlassen. Es möge als Anregung reichen, dass seine Texte in Verbindung mit bestimmten Gedanken aus dem Grundsteinspruch gebracht werden.

Und doch gibt es noch zwei Themen, die erwähnt werden sollten. Zum Ersten: Der Aufbau des Grundsteinspruchs als Ganzes, verbunden mit dem Rätsel warum er von Rudolf Steiner wiederholt als «dodekaedrisch» bezeichnet wird. Zum Zweiten: Die neunfache Ordnung der Engelwelt in drei dreifaltigen Hierarchien, die sich im Grundsteinspruch so wie in der ganzen Anthroposophie manifestiert, wo kommt sie her? Welche Bedeutung hat sie im ganzen Werk Rudolf Steiners?

Die innere Struktur des Grundsteinspruchs

Der inneren Ordnung des Grundsteinspruchs liegt ein wunderbares öffentliches Geheimnis zugrunde. Das fällt vor allem auf, wenn wir die vier Strophen auf einen Blick überschauen. Dreigliederungen wirken durch die ersten drei Strophen hindurch. Wir werden von unseren Gliedern zu unserem Herzens- Lungen-Schlage und zu unserem ruhenden Haupt geführt. Das ist die Dreigliedrigkeit unseres Leibes. Es ist die bekannte, für jeden sichtbare Dreigliederung von Haupt, Herz und Händen.

Anschließend benennt der Spruch das, was unseren Leib umgibt: die Raumeswelt, die auf Erden erfahrbar ist als Länge, Tiefe und Höhe; dann die Zeitenrhythmen, die wir als Vergangenheit, Gegenwart und Zukunft erfahren; und als Drittes die Ewigkeit, die Sphäre der göttlichen Trinität.

Zuletzt wird noch erwähnt, wie wir uns in drei Schritten für den Geist öffnen können: die Glieder öffnen sich dem «Geistesmeereswesen», der Sphäre des Lebens und des Ätherischen. In den Zeitenrhythmen öffnen sich die Regungen des Herzens und der Lunge für die «wogenden Welten-Werde-Taten» und für das Fühlen der Seele als Eigenwesen. Schließlich kann das «ruhende Haupt» sich für die Weltgedanken öffnen. Das ist alles unsere dreieinige Körperlichkeit.

Aber Rudolf Steiner lässt uns keine Ruhe, denn nun folgen die Übungen: Übe, übe, übe! Nun ja, das ist Anthroposophie! Die erste Übung befasst sich mit der Erinnerung. Sie zielt auf die Vergangenheit. Die zweite umfasst die Kunst des Gleichgewichtes in allen glänzenden oder auch dunklen Entwicklungen des Hier und Jetzt. Die letzte Übung deutet auf die Zukunft hin, der Text spricht von Götterzielen. Die Übung findet im Geiste statt, wenn die Gedanken zur Ruhe gekommen sind. Bis dahin ist der Aufbau der drei Strophen kristallklar.

Für ein gutes Verständnis der drei Strophen als Ganzes ist es sinnvoll, die lateinischen Sprüche der Rosenkreuzer, die 1604 im Grab von Christian Rosenkreutz gefunden sein sollen, und die am Schluss der Strophen des Grundsteins aufgerufen werden, vorwegnehmend zu erläutern. Rudolf Steiner hat immer wieder an diese drei Sprüche erinnert, oftmals auch nur mit der Anführung der Initialen, zum Beispiel auf der Titelseite des Mysteriendramas. Auch hat er diese Sprüche des Öfteren in vielen Varianten übersetzt.

Bei der Grundsteinlegung hat Rudolf Steiner diese drei Sprüche auf Lateinisch ausgesprochen, jeweils gegen Ende der ersten, zweiten und dritten Strophe. Der erste Spruch lautet: *Ex Deo nascimur*, heißt wörtlich übersetzt: *Aus*

Gott sind wir geboren, worin sich ein uralter Gedanke, der auf die biblische Schöpfungsgeschichte zurückgeht, ausdrückt. Dieser Spruch fordert uns auf, unseren Blick vom Geschaffenen auf den Schöpfer zu lenken. Überall um uns herum – und auch in uns – sehen wir den Schöpfer am Werk, von Anfang an, fortwährend, auch heute noch!

Indessen wird dieser Gedanke, *Aus Gott werden wir geboren*, in dem Text zweimal vorbereitet. Zuerst lesen wir, dass im «waltenden Weltenschöpfer-Sein das eigne Ich im Gottes-Ich erweset». Bedeutet das nicht in anderen Worten das Gleiche wie der lateinische Spruch: aus Gott werden wir geboren? Der Text fährt fort: «es waltet der Vater-Geist der Höhen, in den Weltentiefen Sein-erzeugend». Ist das nicht zum zweiten Mal eine Variante desselben Gedankens? Und dann hören wir denselben Inhalt auf Lateinisch: *Ex Deo nascimur*. Der Gedanke erklingt dreimal.

In der zweiten Strophe sehen wir eine verwandte Entwicklung der Motive. Dort erklingt der zweite Rosenkreuzerspruch: *In Christo morimur*, das heißt wörtlich übersetzt: *In Christus sterben wir*, worin ein Mysteriengedanke aus dem frühen esoterischen Christentum ausgedrückt wird. Schon damals wurde das Sterben in Christus als Auferstehung aufgefasst, nicht nur im Moment des physischen Todes, sondern auch während des Lebens, bei der Geburt des «zweiten Menschen» in uns. Davon spricht Paulus, wenn er in den Galaterbriefen schreibt: «Ich bin mit Christus gekreuzigt. So bin ich es nicht, der da lebt, sondern Christus lebt in mir.» (Galater 2,19). Als er noch Saulus hieß, auf dem Wege nach Damaskus, überfiel ihn eine Lichterfahrung, durch die er sich wie tot fühlte. Als er wieder erwachte, wurde er getauft, bekam den Namen «Paulus» und fing ein neues Leben an, weshalb er sich fortan als ein «zweiter Mensch» empfand. Es war ihm, als ob er gestorben war und in Christus neu geboren wurde. So erlebte er die Auferstehung noch während des Lebens, in wunderbarster Verwirklichung. Es gibt von solchen Erfahrungen auch heute noch zahllose kleinere Beispiele. Neulich erzählte mir mein Physiotherapeut, dass er kurz nach seiner Schulzeit einen Unfall mit einem kleinen Scooter kaum überlebt hatte. Er brauchte viele Jahre zur Rekonvaleszenz. Im Nachhinein sagt er: «Ich hätte diese Erfahrung nicht verpassen wollen. Ich habe mein ganzes Leben umgeworfen. Meine ganzen Normen und Werte haben sich dadurch geändert!» So kann man sehen, wie der «zweite Mensch» auch in ein normales Leben völlig unerwartet einbrechen kann. Es könnte auch passieren, dass sich der «zweite» oder geistige Mensch in den kleinen alltäglichen Geschehnissen, zum Beispiel in der Kraft der Vergebung ankündigt. Stellen wir uns vor, nach düsteren, bitteren Jahren finden wir die Kraft, einem Menschen, der uns Unrecht getan hat zu vergeben. Die Gefangenschaft in der Rolle des Opfers ist dann gleichsam gestorben und ein neues Leben wird beginnen! Man erlebt so ein Stückchen Auferstehung. Immer dann, wenn wir uns entschließen, den alten Müll, alte Lieder und alte Geschichten wirklich sterben zu lassen, fällt neues Licht herein. So schaffen wir uns den Raum, die «Seelen-begnadenden» Kräfte empfangen zu können.

Im frühen esoterischen Christentum ist man davon aus-

Immer dann, wenn wir uns entschließen, den alten Müll, alte Lieder und alte Geschichten wirklich sterben zu lassen, fällt neues Licht herein. So schaffen wir uns den Raum, die «Seelen-begnadenden» Kräfte empfangen zu können.

gegangen, dass die Nachfolge Christi ihren Anfang mit der Taufe nehmen müsste. Die Taufe bedeutete den ernsthaften Entschluss, täglich oder wöchentlich zur Kirche zu gehen, um dort über Jahre die vorbildlichen Geschichten aus dem Leben Jesu zu hören. Auf diese Weise hatte die Kirche auf der moralischen Ebene eine große erzieherische Wirkung auf die Menschen, ja auch auf die Kinder, die schon im jungen Alter von den Eltern oder Pflegern zur Kirche mitgenommen und im Sinne des Evangeliums erzogen wurden. Selbstverständlich weiß ich, dass die Kirche von Menschen gemacht ist. Sie ist leider korrumpiert, und allerhand Formen von Missbrauch fanden statt. Das war allerdings in der frühen Kirche nicht die Absicht. Sie war in der Zeit des auseinanderfallenden Römischen Reiches, das damals schon selber völlig korrupt geworden war, als ein Zufluchtsort der Fürsorge und Nächstenliebe gemeint. Wenn wir die guten Intentionen der frühen Kirche (und die der lauteren Menschen in späteren Zeiten) verstehen wollen, müssen wir zuerst die älteste Kirche und ihre Inspiration aus dem esoterischen Christentum verstehen. Schon damals wurde die Taufe als das Sterben lassen des egoistischen, habgierigen Lebens aufgefasst, um in der kirchlichen Gemeinde ein neues Leben beginnen zu können. «Sterben» hieß bei der Taufe, sich in ein neues Leben unter der Führung von Christus zu begeben. Dieses *Geboren werden in Christus* kann nicht ohne Weiteres gelingen, das wusste man nur allzu gut. Die Taufe galt auch als Neubeginn, mit Hilfe von Christus einen lebenslangen Kampf mit den düsteren Kräften im eigenen Innern zu führen. Genau das wurde mit dem dreimaligen Untertauchen und wiederum Auftauchen aus dem Wasser symbolisiert. Ein dreifaches Mysterium war es: die Geburt aus Gott – die Auferstehung in Christus – die Vereinigung mit dem Geist. So war es im frühen esoterischen Christentum, so wurde es von Dionysius dem Areopagiten in seinem «Über die Kirchliche Hierarchie»[11], im Kapitel über die Taufe, auf Griechisch aufgezeichnet. Dieser dreifaltige Mysteriengedanke wurde dann mehr als 1000 Jahre später auf Lateinisch in den Rosenkreuzersprüchen zusammengefasst.

Heute leben wir in einer anderen Zeit. Die Taufe wird nur noch als ein Ritual, nicht als ein dreifaches Mysterium erlebt. Das würde in unserem Zeitalter der Bewusstseinsseele auch nicht mehr passen. Einen spirituellen Weg zu gehen und ihm folgen zu wollen, bedeutet heutzutage, einen selbstbewussten Entschluss zu fassen.

Doch ist auch unser Alltag ein Schulungsweg, besonders dann, wenn man wesentlichen Idealen nachstrebt, wie zum Beispiel der Kampf um das Wohl der Erde. Das Leben ist eine wichtige Lehrschule, ob man sich für die Anthroposophie entscheidet oder nicht. Wer aber regelmäßig über den Grundsteinspruch meditiert, kann etwas Neues gebären. Es kann so ein zweiter, ein geistiger Mensch im Menschen geboren werden. Man wird neugeboren, so wie Jesus in der Nacht zu Nikodemus sagt: «Du sollst geboren werden ‹aus Wasser und Geist›»[12], wodurch er auf seine eigene Taufe hinweist. In zahllosen wunderbaren Bildern der Taufe wird diese gewaltige Neugeburt veranschaulicht. Der Geist schwebte als Taube über ihm, das Wasser wellt unter ihm. Der alte Mensch stirbt. Er wird «neugeboren».

In der Druckversion des Grundsteinspruchs übersetzt Rudolf Steiner *In Christo morimur* dann auch völlig angemessen mit: *In dem Christus wird Leben der Tod.* Das stimmt genau mit dem Verständnis dieses Vorgangs im alten esoterischen Christentum überein.

Die zweite Strophe des Grundsteinspruchs bringt uns von der Raumeswelt zu den Zeitprozessen. Hier geht es um Zeitenrhythmen, wogende Welten-Werde-Taten, Seelenwirken und den Herzens-Lungen-Schlag. Rudolf Steiner hat den Zusammenhang des Rhythmischen in der Lebenswelt mit den Rhythmen der Planeten in wunderbaren Texten beschrieben oder vielleicht sollte ich sagen besungen, das passt besser, in denen er Christus als Herrn der Sonnenwirkung und der Planetenrhythmen darstellt. Christus ist es, der die Seelen begnadet. Und dies nicht nur, wenn wir sterben, sondern auch jetzt schon, wenn wir das Alte sterben lassen, um etwas Neues zu gebären. Dreimal klingt diese Qualität in der zweiten Strophe an. Zuerst werden wir mit dem Christus als Welten-Ich vereint. Dann werden wir von ihm begnadet. Und zum Schluss spricht der dreistimmige Chor der zweiten Hierarchie: *In Christo morimur*, wodurch wir zum dritten Mal mit ihm vereinigt werden.

Die dritte Strophe des Grundsteinspruchs bringt uns wiederum in eine andere Stimmung, ja, sogar in eine neue Dimension. Hier herrscht nach den Dimensionen von Raum und Zeit reine Ewigkeit, Gedankenruhe, ewige Ziele. Das *Per Spiritum Sanctum reviviscimus* wird mit einem ersten

Schritt durch die Gabe des Welten-Wesens-Lichtes für das eigene Ich vorbereitet. Im zweiten Schritt erflehen wir das Licht, wenn die Engel anfangen, in uns zu sprechen, und wir erbitten, was erhöret werden kann. Als Drittes hören wir den Chor der Archai, Archangeloi, Angeloi: *Per Spiritum Sanctum reviviscimus*. Dreimal ist es Pfingsten.

Die Komposition der ersten drei Strophen zeigt also eine neunfache Gliederung: jede Strophe ist dreigliedrig aufgebaut. Mit ihrem funkelnden wunderbaren Inhalt haben die drei Strophen eine klare neunfache Struktur.

Die vierte Strophe vervollständigt das Bild und ist dennoch ein ganz neuer Schritt, bis in die Gestalt hinein. Auch diese Strophe ist dreifach: die Zeitenwende bringt uns in die kosmische Dimension der ewigen Götterziele *hinein*. Schon zu Beginn unserer planetarischen Entwicklung war der Abstieg des Christus auf die Erde laut Rudolf Steiner in den Zielen der Götter enthalten. Das ist die kosmische Dimension. Darauf folgt die historische Dimension, die hier mit den armen Hirtenherzen und den weisen Königshäuptern zur Zeit von Christi Geburt angedeutet wird. Und ganz am Schluss geht es um das, was wir hier und jetzt «wollen», was naturgemäß immer auf die Zukunft hin orientiert ist. Der Wille schlummert in der ersten Strophe noch «erwesend» im Gottes-Ich, wird in der zweiten Strophe vom Christus-Willen begnadet, bekommt in der dritten Strophe das Denken «zu freiem Wollen» – als ein Versprechen – geschenkt, und wird jetzt, am Ende der vierten Strophe, vollbewusst in seiner Fülle angesprochen: «was wir aus Herzen gründen, aus Häuptern zielvoll führen wollen». Dieses Wollen zielte damals auf die Gründung der weltweiten anthroposophischen Gesellschaft. Für die heutigen Menschen geht es um die Hilfe Christi beim Ergreifen und Durchführen von neuen Initiativen. So finden wir auch in der vierten Strophe drei Dimensionen. Der Grundsteinspruch ist vollständig: er hat vier Strophen, mit jeweils drei Qualitäten. Zusammen bilden sie eine Zwölfheit.

Übrigens können wir den Grundstein auch auf andere Weise als Dodekaeder betrachten, wenn wir den Blick auf die dreifache Erscheinung von Körper, Seele und Geist in Raum, Zeit und Ewigkeit lenken. In der Tat konzentrieren sich die ersten drei Strophen des Grundsteins zunächst auf den Leib – du lebst in den Gliedern usw. –, dann auf die Seele, mit den Übungen für die Seele, und schließlich auf den Geist, vom Vatergeist bis zu den Elementargeistern. Diese Dreifaltigkeit erscheint in der ersten Strophe in der Welt des Raumes, dann im Zeitenrhytmus und schließlich in der Ewigkeitssphäre, von der die dritte Strophe spricht. Zusammen mit der dreiteiligen Schlussstrophe erscheint dann ein weiterer Dodekaeder im Grundstein.

Allerdings liegt die Betonung dann nicht mehr auf der neunfachen Struktur der Engelhierarchien, die der Anthroposophie bis in die letzte Faser zugrunde liegt und die auch die Rosenkreuzersprüche von je drei Gruppen der Engel im Grundstein erklingen lässt, sondern auf der für die Anthroposophie ebenso wesentlichen Dreigliederung von Körper, Seele und Geist.

Sind diese beiden Gesichtspunkte nun aber unterschiedlich? Blicken wir durch diese beiden Perspektiven nicht im Wesentlichen auf dasselbe? Rudolf Steiner charakterisiert in seiner *Geheimwissenschaft* die Seraphim, Cherubim, Throne als im Körper wirkend, die Kyriotetes, Dynameis, Exusiai als Schöpfer des Lebens und des Astralleibs und beschreibt die Archai, Archangeloi, Angeloi als in unserem Denken, Fühlen und Wollen lebend.

Diese Perspektiven scheinen unterschiedlich zu sein, aber sind sie es wirklich? Oder sind sie im Wesentlichen dasselbe? In seiner *Geheimwissenschaft* charakterisiert Rudolf Steiner Körper, Seele und Geist als das Wirken der ersten, zweiten und dritten Engelhierarchie im Menschen nacheinander. Die Hierarchien schaffen Körper, Seele und Geist. Da ist eine Wechselwirkung. Gleich zu Beginn der Strophen heißt es: «du lebest in», in der vierten Strophe dann «trat in». Das ist Interaktion zwischen, ist Wechselspiel zwischen, ist Gleichgewicht zwischen, genau das, worum es im ganzen Grundstein immer geht. Und so gibt es auch einen intimen Austausch zwischen den beiden oben genannten Perspektiven auf den Grundstein als Dodekaeder.

Bei der Grundsteinlegung 1913 ließ Rudolf Steiner eine physische Urkunde in einem kupfernen Doppeldodekaeder einfassen, zwei regelmäßige Raumesformen aus zwölf Fünfecken, eine große und eine kleinere ineinander gepasst. Auf dem eingeschlossenen Dokument, einer beschriebenen Kalbstierhaut, befand sich eine Skizze desselben Doppeldodekaeders, darauf die Initialen der drei Rosenkreuzersprüche eingezeichnet. Offenbar war sich

Rudolf Steiner schon damals der dodekaedrischen Qualität der drei Rosenkreuzersprüche bewusst. Zehn Jahre später legte er bei der Grundsteinlegung für die weltweite Gesellschaft keinen neuen physischen Grundstein in die Erde. Dafür aber legte er gemeinsam mit den Anwesenden einen geistigen Grundstein als Spruch in die Herzen und Seelen der 800 anwesenden Gründer der Gesellschaft – laut dem Schlusssatz, waren sie die Gründer. Und schon am ersten Morgen der Tagung bezeichnete er diesen Grundsteinspruch sieben Mal als «dodekaedrisch»,[13] das bedeutet: einen aus Fünfecken geformten Zwölfflächner.

Betrachten wir schließlich kurz, dass ein Dodekaeder aus Fünfecken besteht. Sind diese in den Strophen des Grundsteins zu erkennen? In der Tat hat die erste Strophe sozusagen fünf Spieler oder fünf Aspekte: die Glieder, die Seele in den Seelentiefen, den Vatergeist in den Höhen, die Engelhierarchie und die Elementargeister. Dieses Fünfeck verwandelt sich in den folgenden Strophen unter Beibehaltung der Fünffältigkeit, die wir auch in der grammatikalischen Struktur des Grundsteins wiederfinden. Sie liegt auch der Einteilung dieses Buches zugrunde.

Die Ordnung der Engelhierarchien

In *Die Geheimwissenschaft im Umriss* spielt die Hierarchie der Engel eine wichtige Rolle. Die Struktur der Hierarchie ist nicht sofort sichtbar, weil die geistigen Wesen in diesem Werk mit einer breiten Palette von Namen bezeichnet werden, wie zum Beispiel Saturnkräfte, Geister der Liebe, Geister der Harmonien, Geister des Willens, der Bewegung, der Form, der Persönlichkeit, die Urkräfte, Urbeginne, Feuergeister, Söhne des Zwielichtes, Mächte, Gewalten und noch so fort. Dadurch tritt der lebendige, brausende, energische Charakter der Engelwelt derartig stark hervor, dass eine klare Einteilung in erste, zweite und dritte Hierarchie einigermaßen in den Hintergrund rückt. Die Gliederung der geistigen Wesen kommt mehr in einer Reihe von Vorträgen zum Ausdruck, die Rudolf Steiner für die Mitglieder gehalten hat[14], während er die *Geheimwissenschaft* geschrieben hat. In diesen Vorträgen verwendet er fast durchgehend die griechischen Namen der neun Gruppen von Engeln, wodurch die klare Grundstruktur leicht erkennbar ist. Dieses Gefüge ist in den Werken und Vorträgen von Rudolf Steiner nahezu allgegenwärtig. Die dritte Hierarchie erschafft uns das Bewusstsein, die zweite erschafft die lebendige Natur, einschließlich unserer Leiblichkeit, die erste Hierarchie erschafft die mineralische Welt in ihren vier Aggregatzuständen, die selbstverständlich auch in unserem Leib zu finden sind. Und das alles geschieht mit der Erschaffung und dem Einbezug von Elementarwesen in eine überraschende, sich verwandelnde, erneuernde, durchlebte, durchwärmende, quer durch Ozeane von Gegenmächten, immer die Liebe suchende Entwicklung. Eine Entwicklung, in der die Grundstruktur immer klar erkennbar bleibt, wenn man bewusst darauf achtet. Nach Stichproben und Schätzungen ist meine Schlussfolgerung, dass die Engelhierarchien sicher in 200 Vorträgen und schriftlichen Werken der Rudolf Steiner

Gesamtausgabe durchschnittlich 10- bis 20-mal vorkommen, alles zusammen sagen wir etwa 3000 Mal. Es geht mir hier nicht um eine genaue Zahl, aber um das Bewusstsein dafür, wie grundlegend die Hierarchien-Lehre im Gesamtwerk von Rudolf Steiner verankert ist, konsequent mit einer zuverlässigen Gliederung, die lebendig ist und sich stets in einer umfassenden Entwicklung befindet.

Was wissen wir über die Herkunft dieser Hierarchien-Lehre? Rudolf Steiner äußert sich darüber glockenrein: Sie geht auf das frühe esoterische Christentum und namentlich auf den Apostel Paulus zurück, der seinen Schüler Dionysius den Areopagiten in das esoterische Christentum eingeweiht hat und ihn zum Leiter einer esoterischen Schule ernannte. Rudolf Steiner ging davon aus, dass die Nachfolger des Dionysius sich alle auch Dionysius nannten und dass der letzte Dionysius diese esoterische Lehre später aufschrieb. Es steht noch aus, ob das vielleicht eine übersinnliche Wirklichkeit gewesen ist, denn es gibt nirgendwo in der Literatur der damaligen Zeit auch nur eine Spur von einer derartigen Schule. Die gängige wissenschaftliche Auffassung ist die, dass der unbekannte Dionysius – sein Text tauchte 529 n. Chr. auf – sich mit einem literarischen Kunstgriff als der erste Dionysius ausgab, der Schüler des Paulus gewesen war, wofür man dann allerhand mögliche Gründe ersann. Neulich verteidigte Prof. Charles Stang von der Harvard Divinity School eine andere Hypothese. Er vermutete, dass der letzte Dionysius sich dermaßen mit dem ersten identifizierte, dass er sich wirklich als Dionysius der Paulus-Schüler fühlte.[15] Hatte der letzte Dionysius vielleicht ein intuitives Wissen von dem, was Paulus in seiner Entrückung «in die dritte himmlische Sphäre»[16] erlebte? Wie auch immer, Rudolf Steiner nennt den Namen Dionysius an 34 Stellen der Gesamtausgabe, wobei er meistens keine Rücksicht auf dessen geheimnisvolle Identität nimmt. Für ihn ist die Quintessenz, dass Dionysius die Engelhierarchien «strukturiert hat». Ja, er benutzt diesen Ausdruck «strukturiert», «in ein Schema gefasst». Das erscheint zunächst einmal ziemlich starr, und das ist es wohl auch. Aber Rudolf Steiner wäre nicht Rudolf Steiner, wenn er eine so strenge Lehre nicht dynamisieren und in allen ihren Teilen in eine strömende Entwicklung bringen würde. Und das ist genau das, was er in seiner *Geheimwissenschaft* macht.

700 Jahre nach dem Bekanntwerden des Textes von Dionysius über die Engelhierarchien und 700 Jahre vor Rudolf Steiner wirkte der große Theologe und Philosoph Thomas von Aquin. Thomas dominierte als scharfsinniger Gelehrter jahrzehntelang die Philosophie der Kirche. Er machte die Engelhierarchien von Dionysius zu einem der Ecksteine der Glaubenslehre. Man sagt, dass er in seinen Werken Dionysius mehr als 1700-mal zitiert hat. Nun spielte Dionysius hundert Jahre zuvor, in der Schule von Chartres, ebenfalls eine wichtige Rolle, aber in der Geschichte galt Thomas unter den Dionysius-Sachkundigen wohl als der Wichtigste – bis Rudolf Steiner kam! Dieser nannte die Hierarchien-Lehre noch viel häufiger als Thomas und machte sie zur Grundlage seiner Geisteswissenschaft.

Wenn ich jetzt die Texte von Dionysius, Thomas von

Aquin und Steiner miteinander vergleiche, meine ich Folgendes behaupten zu dürfen: Dionysius «strukturierte» die Engelhierarchien auf der Ebene der Verstandesseele. Thomas überträgt sie in die Religion, durch die fromme Gläubige die Imaginationen der Engelwelt in ihre Herzen und Gefühle aufnehmen konnten. Rudolf Steiner stößt durch zum Schöpferwillen selbst. Er enthüllt uns die schaffende Rolle der Engelhierarchien, die den göttlichen Willen der Trinität zur Ausführung bringen, sowohl in den großen Entwicklungsstufen des Universums wie auch in der Leiblichkeit des Menschen. Steiner erweist sich als ein ebenso großer Sachkundiger im Hinblick auf Dionysius wie Thomas von Aquino. Aber er übernimmt die Lehre nicht ohne Weiteres. Die souveräne Art und Weise, mit der Rudolf Steiner die Lehre des Dionysius behandelt, umgestaltet und entwickelt, ist meines Erachtens ein Hinweis darauf, dass er die Inhalte nicht nur kannte, sondern sie in seinen geisteswissenschaftlichen Forschungen auch unmittelbar wahrnehmen konnte. Einen Hinweis dazu gibt Rudolf Steiner in einer einzigartigen Aussage über «vorschöpfliche Gedanken» selber. Er verwendet tatsächlich dieses ungebräuchliche Wort «vorschöpfliche Gedanken» und schreibt diese Thomas und Dionysius zu. Aus der gleich zitierten Stelle geht hervor, dass er auch selber zu dieser Sphäre Zugang hatte. Ich zitiere: «Auf diese Weise finden wir in Thomas aufs Neue gedacht die vorschöpflichen göttlichen Gedanken, frei von Irrtum und Täuschung, wie sie nur gedacht werden konnten in einer Klosterzelle, weit entfernt von dem Lärm der Welt. – Der Mensch der Welt beeilt sich zu verstehen, sich schnell eine Auffassung zu eigen zu machen und alles zu vereinfachen. Aber die Gottheit ist nicht so einfach! Mit Thomas von Aquino erhebt sich der menschliche Gedanke. Er ist nicht weniger Mystiker als Scholastiker. Er konnte nämlich solche Beschreibungen geben, weil er die geistigen Hierarchien sah, so wie sie der Seher Dionysius der Areopagite uns gegeben hat, und in seinen langen nächtlichen Meditationen vor dem Altar konnte er die schwersten Probleme lösen. So finden sich in ihm vereinigt der Mystiker und ein Denker so hell wie ein Diamant und nicht von den Sinnen beeinträchtigt.» (GA 109, S. 72).

Diese tiefsinnige Aussage möge ausreichen, um Rudolf Steiners eigene Beziehung zu den Hierarchien anzudeuten. Er erwähnte den Namen Dionysius noch an vielen anderen Stellen, aber es fällt aus dem Rahmen dieser Einleitung, noch weiter darauf einzugehen. Als Hilfestellung für die Bücherfreunde – und zugegeben, das bin ich selbst ebenfalls – folgt hier eine nackte Aufzählung der Stellen, wo der Name Dionysius in der Gesamtausgabe gefunden werden kann: GA 7, S. 87, GA 8, S. 154, GA 18, S. 87–88, GA 51, S. 200, GA 52, S. 83, GA 74, S. 47–48, GA 93, S. 193, GA 93A, S. 97, GA 94, S. 80, GA 96, S. 252/299, GA 97, S. 131/142/143, GA 100, S. 22/158/228, GA 103, S. 32–34, GA 109, S. 72, GA 110, S. 26–27/48–49/83, GA 113, S. 120, GA 124, S. 244, GA 132, S. 37, GA 143, S. 195, GA 174A, S. 247–248, GA 184, S. 42, GA 197, S. 47, GA 200, S. 15, GA 202, S. 231, GA 204, S. 71–72/256–266/285, GA 214, S. 12–13, GA 224, S. 181–183, GA 264, S. 398,

GA 284, S. 46–47, GA 326, S. 116, GA 342, S. 139, GA 343A, S. 171, GA 344, S. 35.
Dass dies eine furchtbar nackte Aufzählung ist, sagte ich bereits, aber die Verstandessseele möchte auch befriedigt sein. In diesen Texten offenbart sich auch viel Verborgenes. Steiners moderne Hierarchien-Lehre zeigt zahllose Übereinstimmungen mit der alten esoterischen Lehre, wie er selber wiederholt betont. Er sagt zum Beispiel schon 1904: «Nehmen Sie und verstehen Sie die Worte des Paulus, verstehen Sie die Worte des *Dionysios des Areopagiten* und dann des *Scotus Erigena,* der in seinem Buche «Über die Einteilung der Natur» die Siebenteilung des Menschen lehrte wie alle Theosophen, dann werden Sie wissen, dass deren Auslegung des Christentums dieselbe war, welche ihm die Theosophie heute angedeihen lässt. Nichts anderes als das, was die christlichen Lehrer in den ersten Jahrhunderten gelehrt haben, das will die Theosophie wieder an den Tag bringen.»[17]

Der philosophische Aspekt der Rosenkreuzersprüche

Abschließend möchte ich noch auf die Parallele zwischen den Sprüchen der Rosenkreuzer und der griechischen Philosophie eingehen. Dazu bringe ich zuerst ein Zitat von Rudolf Steiner über den Weg zur Inkarnation, vom Geiste zur Erde, und den Weg zur Exkarnation, von der Erde zum Geiste.

«Und erhaben über beides, über das Geborenwerden

und Sterben, ist ein drittes Prinzip, das ausgeht von beiden, was gleichwertig wiederum zusammenhängt mit beiden, mit dem göttlichen Vater und dem göttlichen Sohne: der Geist, der Heilige Geist. So dass im Menschen zu erkennen ist der Übergang aus dem Übersinnlichen in das Sinnliche: Ex Deo nascimur, der Übergang aus dem Sinnlichen ins Übersinnliche: In Christo morimur, und die Vereinigung von beiden, die Verbindung mit dem, worin weder Geburt noch Tod mehr eine Wesenheit haben, die Auferweckung durch den Geist: Per Spiritum Sanctum reviviscimus.»[18]

In der Auffassung Rudolf Steiners ist Christi Gang zur Erde ein Prozess von kosmischer Dimension, der in anderen Religionen und Strömungen, und auch in der griechischen Philosophie, übersinnlich wahrgenommen wurde, lange bevor Er kam. Tatsächlich lebte schon in vorchristlichen Zeiten der große Gedankengang, den Rudolf Steiner in dem genannten Zitat den Rosenkreuzersprüchen zugrunde legt. Das sind Überlegungen, die in der griechischen Philosophie eine lange Geschichte haben. Ausgangspunkt ist, dass die Gottheit, der Eine, die Ursache von Allem ist. Diese Ursache ist dauernd: *menein* (heißt dauern). Von diesem Ausgangspunkt aus tritt die Gottheit hervor und manifestiert sich in allen sinnlichen Erscheinungen. Das Hervortreten des Göttlichen heißt: *prohodos*. Alles entspringt aus dem Einen, der einzigen Ursache von Allem, und hegt deswegen die Sehnsucht, zum Einen wieder zurückzukehren. Die Rückkehr heißt: *epistrofè*. Eine Sache oder ein lebendiges Wesen, das Einheit und Struktur besitzt, ist schlussendlich durch den beständigen

Einen verursacht, sehnt sich nach dem Einen, hat Anteil an dem Einen, solange es ein Wesen betrifft, ungeachtet ob es lebt oder nicht. Das, was Einheit und Struktur trägt, ist ein Wesen, und solange es diese Qualitäten besitzt, hat es Anteil an der Dauer *menein*.

Dieser Gedanke spielte in der griechischen Philosophie während tausend Jahren eine Rolle. Der große Philosoph Proclus (oder Proklos), Neoplatonist und Teilhaber an den Mysterien des Orpheus, fasste ihn in unübertroffener Weise, wie eine reife Frucht des Neoplatonismus, zusammen. Er war kein Christ, im Gegensatz zu seinem etwas jüngeren Zeitgenossen Dionysius. Dieser erkannte – in den Fußspuren des Clemens von Alexandrien wandelnd – denselben Gedanken in den religiösen Bildern der Bibel: Das Ewige, aus dem wir stammen und nach dem wir uns sehnen, nach Christus, ist Anfang und Ende der Welt, ist Alpha und Omega. Die Auferstehung Christi ermöglicht uns die Rückkehr in die himmlische Welt. Seine Erscheinung zu Pfingsten lässt uns das Erwachen des Geistes feiern, als bleibenden Kern des Menschen.

Für Dionysius war dieses Ganze bereits in dem schon erwähnten nächtlichen Gespräch zwischen Jesus und Nikodemus enthalten. Jesus sprach dort von der Wiedergeburt «aus Wasser und Geist», damit auf seine Taufe anspielend.[19] Dionysius las darin unseren Abstieg von der Welt des Geistes zur Erde und unseren Aufstieg von der Erde zum Geiste. Unser ewiger geistiger Kern wird dann, einzigartig an diesen Vorgang erinnernd, im Sakrament der Taufe dargestellt werden.

So sehen wir, dass diese große, allumfassende Idee auf

zweierlei Weise denkbar ist: in philosophischer Sprache als *prohodos – epistrofè – menein* oder in den religiösen Bildern der Rosenkreuzersprüche. Aber im Grunde genommen sind die eine und die andere Denkspur genau die gleiche:

Ex Deo nascimur – In Christo morimur – Per Spiritum Sanctum reviviscimus

Texte zur ersten Strophe

Der Pfad der Verehrung

In einem Gespräch über das Konzept dieses Buches schlug jemand vor, den ersten Text über den Pfad der Verehrung stark zu kürzen. Er schrieb: «Was ich als Leser kompliziert finde, ist, dass sofort ein längerer Text aus «Wie erlangt man Erkenntnisse der höheren Welten?» folgt. Das lenkt mich ab. Ist es möglich, diese Texte zu kürzen und einige Zitate daraus zu nehmen, um hervorzuheben, was du in diesem Abschnitt sagen willst?» Ich habe mein Bestes getan, um diesen Rat zu befolgen. Ich hatte den Eindruck, dass er recht hatte, denn ich selbst kenne den Drang des modernen Lesers zur Eile. Können wir noch Zeit und Aufmerksamkeit für einen dreiseitigen Text über Ehrfurcht aufbringen? Und gerade weil ich diese Tendenz zur Übereilung auch bei mir selbst erkannte, gelang es mir deshalb nicht mehr, den Text über den Pfad der Verehrung zu kürzen oder wegzulassen! Ich konnte nicht umhin: «Eine gewisse Grundstimmung muss den Anfang bilden.» Schließlich bildet der Pfad der Verehrung den Eingang zu den Engelsstimmen, die in ihrer ganzen Fülle in allen hier ausgewählten Texten im Zusammenhang mit den Worten des Grundsteins erklingen werden. Daher nun zuerst die Beschreibung des Weges der Ehrfurcht, der bei allen nachfolgenden Texten innerlich leise mitschwingen soll.

Wie erlangt man Erkenntnisse der höheren Welten?
Rudolf Steiner, 1904, GA 10, S. 19

Eine gewisse Grundstimmung der Seele muss den Anfang bilden. Der Geheimforscher nennt diese Grundstimmung den Pfad der Verehrung, der Devotion gegenüber der Wahrheit und Erkenntnis. Nur wer diese Grundstimmung hat, kann Geheimschüler werden. Wer Erlebnisse auf diesem Gebiete hat, der weiß, welche Anlagen bei denen schon in der Kindheit zu bemerken sind, welche später Geheimschüler werden. Es gibt Kinder, die mit heiliger Scheu zu gewissen von ihnen verehrten Personen emporblicken. Sie haben eine Ehrfurcht vor ihnen, die ihnen im tiefsten Herzensgrunde verbietet, irgendeinen Gedanken aufkommen zu lassen von Kritik, von Opposition. Solche Kinder wachsen zu Jünglingen und Jungfrauen heran, denen es wohltut, wenn sie zu irgend etwas Verehrungsvollem aufsehen können. Aus den Reihen dieser Menschenkinder gehen viele Geheimschüler hervor. Hast du einmal vor der Türe eines verehrten Mannes gestanden und hast du bei diesem deinem ersten Besuche eine heilige Scheu empfunden, auf die Klinke zu drücken, um in das Zimmer zu treten, das für dich ein «Heiligtum» ist, so hat sich in dir ein Gefühl geäußert, das der Keim sein kann für deine spätere Geheimschülerschaft. Es ist ein Glück für jeden heranwachsenden Menschen, solche Gefühle als Anlagen in sich zu tragen. Man glaube nur ja nicht, dass solche Anlagen den Keim zur Unterwürfigkeit und Sklaverei bilden. Es wird später die erst kindliche Verehrung gegenüber Menschen zur Verehrung gegenüber Wahrheit und Erkenntnis. Die Erfahrung lehrt, dass diejenigen Menschen auch am besten verstehen, das Haupt frei zu tragen, die verehren gelernt haben da, wo Verehrung am Platze ist. Und am Platze ist sie überall da, wo sie aus den Tiefen des Herzens entspringt. Wenn wir nicht das tiefgründige Gefühl in uns entwickeln, dass es etwas Höheres gibt, als wir sind, werden wir auch nicht in uns die Kraft finden, uns zu einem Höheren hinaufzuentwickeln. Der Eingeweihte hat sich nur dadurch die Kraft errungen, sein Haupt zu den Höhen der Erkenntnis zu erheben, dass er sein Herz in die Tiefen der Ehrfurcht, der Devotion geführt hat. Höhe des Geistes kann nur erklommen werden, wenn durch das Tor der Demut geschritten wird. Ein rechtes Wissen kannst du nur erlangen, wenn du gelernt hast, dieses Wissen zu achten. Der Mensch hat gewiss das Recht, sein Auge dem Lichte entgegenzuhalten; aber er muss dieses Recht erwerben. Im geistigen Leben gibt es ebenso Gesetze wie im materiellen. Streiche eine Glasstange mit einem entsprechenden Stoffe, und sie wird elektrisch, das heißt: sie erhält die Kraft, kleine Körper anzuziehen. Dies entspricht einem Naturgesetz. Hat man ein wenig Physik gelernt, so weiß man dies. Und ebenso weiß man, wenn man die Anfangsgründe der Geheimwissenschaft kennt, dass jedes in der Seele entwickelte Gefühl von wahrer Devotion eine Kraft entwickelt, die in der Erkenntnis früher oder später weiterführen kann. Wer in seinen Anlagen die devotionellen Gefühle hat, oder wer das Glück hat, sie durch eine entsprechende Erziehung eingepflanzt zu erhalten, der bringt vieles mit, wenn er im späteren Leben den Zugang zu höheren Erkenntnissen sucht. Wer eine solche Vorbereitung nicht mitbringt, dem erwachsen schon auf der ersten Stufe des Erkenntnispfades Schwierigkeiten, wenn er nicht durch Selbsterziehung die devotionelle Stimmung energisch in sich zu erzeugen unternimmt. In unserer Zeit ist es ganz besonders wichtig, dass auf diesen Punkt die volle Aufmerksamkeit gelenkt wird. Unsere Zivilisation neigt mehr zur Kritik, zum Richten, zum Aburteilen und wenig zur Devotion, zur hingebungsvollen Verehrung. Unsere Kinder schon kritisieren viel mehr, als sie hingebungsvoll verehren. Aber jede Kritik, jedes richtende Urteil vertreiben ebenso sehr die Kräfte der Seele zur höheren Erkenntnis, wie jede hingebungsvolle Ehrfurcht sie entwickelt. Damit soll gar nichts gegen unsere Zivilisation gesagt sein. Es handelt sich hier gar nicht darum, Kritik an dieser unserer Zivilisation zu üben. Gerade der Kritik, dem selbstbewussten menschlichen Urteil, dem «Prüfet alles und das Beste behaltet», verdanken wir die Größe unserer Kultur. Nimmermehr hätte der Mensch die Wissenschaft, die Industrie, den Verkehr, die Rechtsverhältnisse unserer Zeit erlangt, wenn er nicht überall Kritik geübt, überall den Maßstab seines Urteils angelegt hätte. Aber was wir dadurch an äußerer Kultur gewonnen haben, mussten wir mit einer entsprechenden Einbuße an höherer Erkenntnis, an spirituellem Leben bezahlen. Betont muss werden, dass es sich beim höheren Wissen nicht um Verehrung von Menschen, sondern um eine solche gegenüber Wahrheit und Erkenntnis handelt. Nur das eine muss freilich sich jeder klarmachen, dass derjenige, der ganz in der veräußerlichten Zivilisation unserer Tage darinnen steckt, es sehr schwer hat, zur Erkenntnis der höheren Welten vorzudringen. Er kann es nur, wenn er energisch an sich arbeitet. In einer Zeit, in der die Verhältnisse des materiellen Lebens einfache waren, war auch geistiger Aufschwung leichter zu erreichen. Das Verehrungswürdige, das Heiligzuhaltende hob sich mehr von den übrigen Weltverhältnissen ab. Die Ideale werden in einem kritischen Zeitalter herabgezogen. Andere Gefühle treten an die Stelle der Verehrung, der Ehrfurcht, der Anbetung und Bewunderung. Unser Zeitalter drängt diese Gefühle immer mehr zurück, so dass sie durch das alltägliche Leben dem Menschen nur noch in sehr geringem Grade zugeführt werden. Wer höhere Erkenntnis sucht, muss sie in sich erzeugen. Er muss sie selbst seiner Seele einflößen. Das kann man nicht durch Studium. Das kann man nur durch das Leben. Wer Geheimschüler werden will, muss sich daher energisch zur devotionellen Stimmung erziehen. Er muss überall in seiner Umgebung, in seinen Erlebnissen dasjenige aufsuchen, was ihm Bewunderung und Ehrerbietung abzwingen kann. Begegne ich einem Menschen und tadle ich seine Schwächen, so raube ich mir höhere Erkenntniskraft; suche ich liebevoll mich in seine Vorzüge zu vertiefen, so sammle ich solche Kraft. Der Geheimjünger muss fortwährend darauf bedacht sein, diese Anleitung zu befolgen. Erfahrene Geheimforscher wissen, was sie für eine Kraft dem Umstande verdanken, dass sie immer wieder allen Dingen gegenüber auf das Gute sehen und mit dem richtenden Urteile zurückhalten. Aber dies darf nicht eine äußerliche Lebensregel bleiben. Sondern es muss von dem Innersten unsrer Seele Besitz ergreifen. Der Mensch hat es in seiner Hand, sich selbst zu vervollkommnen, sich mit der Zeit ganz zu verwandeln. Aber es muss sich diese Umwandlung in seinem Innersten, in seinem Gedankenleben vollziehen. Es genügt nicht, dass ich äußerlich in meinem Verhalten Achtung gegenüber einem Wesen zeige. Ich muss diese Achtung in meinen Gedanken haben. Damit muss der Geheimschüler beginnen, dass er die Devotion in sein Gedankenleben aufnimmt.

Beim Überdenken des Grundsteinspruchs leben Engel, Erzengel und Archai in unseren Gedanken und Gefühlen mit

Fünfzehnte Klassenstunde, Rudolf Steiner, 1924, GA 270, S. 299

Wir bekommen aus dem Kosmos heraus eine bedeutsame dreifache Lehre auf die Frage des Hüters der Schwelle hin. Seine Worte rufen mit Zaubergewalt die Antwort der Angeloi, Archangeloi, Archai hervor. Was lehren uns die Angeloi? Wir Menschen denken. Wir glauben zunächst, nur unsere Gedanken zu erleben. Aber indem unsere Gedanken durch unsere Seele ziehen, leben in unseren Gedanken die Angeloi in Wirklichkeit darinnen. Und wie wir mit unseren Sinnen empfinden, wie wir irgendetwas angreifen, erfassen, so leben in unserem Denken – das ist ihr Empfinden – die Angeloi drinnen. Sie bringen uns das zum Bewusstsein. Und ebenso wie empfinden in unserem Denken die Angeloi, so erleben in unserem Fühlen die Archangeloi und so schauen in unserem Wollen die Archai.

Den Grundsteinspruch überdenken und dabei von Engeln gedacht werden

Das Fünfte Evangelium, Rudolf Steiner, 1913, GA 148, S. 307

Nehmen wir einmal einen Gedanken, also das, was wir als Menschen denken. Zunächst sind diese Gedanken in unserem Bewusstsein, aber sie sind nicht bloß in unserem Bewusstsein. Sie sind zugleich in dem Bewusstsein der Wesen der nächsthöheren Hierarchie, der Angeloi, der Engel. Während wir einen Gedanken haben, ist unsere ganze Gedankenwelt zum Beispiel Gedanke der Engel. Die Engel denken unser Bewusstsein. Und darum werden Sie erkennen, wie man, wenn man zum Sehertum aufsteigt, eine andere Empfindung gegenüber dem Anschauen der Wesen der höheren Welten entwickeln muss als in der gewöhnlichen äußeren Wirklichkeit. Wenn man so wie über die physisch-sinnliche Welt über das irdische Dasein denkt, kann man nicht zu einem höheren Sehertum hinaufkommen. Man muss da nicht bloß denken, sondern man muss gedacht werden und ein Wissen davon haben, dass man gedacht wird.

Engel-Wesen im Blick des Andern

Die Verbindung zwischen Lebenden und Toten,
Rudolf Steiner, 1916, GA 168, S. 76

Aber während wir erleben, während wir uns unsere Vorstellungen, unsere Gemütsempfindungen bilden in dem Erleben, arbeitet in diesem unserem Erlebeprozess, in diesem Vorgang die ganze Welt der Hierarchien. Die lebt und webt darinnen. Wenn Sie einem Menschen gegenübertreten und ihm in die Augen schauen, in Ihrem Blick und in dem, was sein Blick Ihnen entgegensendet, leben die Geister der Hierarchien darinnen, leben die Hierarchien, lebt die Arbeit der Hierarchien.

«O Mensch, erkenne dich selbst» ertönt es aus den Ruhesternen und den Planeten

Bedenke, wie strahlend der bestirnte Himmel vor hundert Jahren über Dornach funkelte, noch ganz ohne die heutige Luft- und Lichtverschmutzung. Wie ausgestreute Diamanten! Für den Großteil der damaligen Anthroposophen waren die Sterne wie vertraute Freunde, sie wuchsen mit ihnen auf. Sie kannten den Tierkreis und sie kannten die Planetenbahnen des Tierkreises. Sie wussten aus eigener Erfahrung, wie die Aufmerksamkeit für die Bewegungen der Sterne und Planeten dazu führt, dass sich deren Bewegungen allmählich als Bewegungen in der Seele widerspiegeln. Heute müsste man schon sehr weit entfernt von der Stadt leben, um das noch erleben zu können.

Achte Klassenstunde, Rudolf Steiner, 1924, GA 270, S. 173

Diese Aufforderung: «O Mensch, erkenne dich selbst!», sie ertönt aus dem ganzen Kosmos heraus. Blicken wir auf zu den Ruhesternen, zu denjenigen Sternen, die in besonders deutlicher Schrift im Tierkreis stehen, zu jenen Ruhesternen, die durch ihr Zusammenlagern in gewissen Formen die großen kosmischen Schriftzüge zum Ausdruck bringen, dann wird für den, der diese Schrift versteht, zunächst angeschlagen der Inhalt des Weltenwortes: «O Mensch, erkenne dich selbst!» Blickt man auf zu demjenigen, was die Wandelsterne in ihren Bewegungen ausführen, zunächst Sonne und Mond, aber auch die anderen Wandelsterne, welche zur Sonne und zum Mond gehören, dann offenbart sich in den Bewegungen dieser Wandelsterne, wie sich in den Formen der Ruhesterne der Inhalt des weltenkräftigen, seelengewaltigen Weltenwortes enthüllt, so in den Bewegungen der Wandelsterne der Herzens-, der Weltenherzensinhalt, der Gemütsinhalt. Und durch dasjenige, was wir in den Elementen erleben, die draußen im Umkreise der Erde um uns sind, an denen wir teilnehmen, die auch durch unsere Haut, durch unsere Sinne, durch alles, was wir an uns haben, in uns einziehen und in unserem eigenen Körper wirken – Erde, Wasser, Feuer, Luft –, durch das wird der Willensimpuls in diese Worte eingegossen.

Menschenseele
du lebest in den Gliedern
die dich durch die Raumeswelt
im Geistesmeereswesen tragen

Moralische Impulse der Throne, Cherubim, Seraphim in unseren Gliedern

Esoterische Betrachtungen karmischer Zusammenhänge,
Rudolf Steiner, 1924, GA 239, S. 258

Was hier vorliegt, ist nun eben dieses: Es ist zwar für die physischmenschliche Gestaltung das Stoffwechsel-Glieder-System das niederste und hat daher für das eigentlich Menschliche im Erdenleben wenig zu tun, aber es ist schon im Erdenleben verbunden mit den Wesenheiten der höchsten Hierarchie, mit den Thronen, Cherubim, Seraphim. Wenn wir in der Welt herumgehen oder mit unseren Händen arbeiten, dann ist in dieser geheimnisvollen Tätigkeit, die da geschieht, die Tätigkeit der Throne, Cherubim, Seraphim drinnen. Die bleiben aber nun die Helfer, wenn der Mensch sein Leben nach dem Tode fortsetzt und weiterlebt zwischen dem Tode und einer neuen Geburt. Da bleiben sie Helfer. Es ist nun ganz irrtümlich, wenn man glaubt, dass das Moralisch-Seelische aus dem Kopf heraus kommt. Der Kopf ist in Wirklichkeit, von einem höheren Gesichtspunkt aus betrachtet, gar nicht ein so ungeheuer wichtiges Organ des Menschen. Der Kopf ist eigentlich mehr oder weniger ein Spiegel für die äußere Welt, und hätten wir nur den Kopf, dann würden wir von nichts etwas wissen als von der äußeren Welt. Im Kopf spiegelt sich eben einfach die äußere Welt. Die Kopferlebnisse sind nur die Spiegelungen der äußeren Welt.

Dasjenige, was in uns an sittlichen Impulsen, an seelischen Impulsen lebt, kommt nicht aus dem Kopf, es kommt aus derselben Region, wo das Stoffwechsel-Glieder-System ist, aber nicht aus dem Physischen des Stoffwechsel-Glieder-Systems, sondern aus dem Geistig-Seelischen des Stoffwechsel-Glieder-Systems, worinnen Throne, Cherubim, Seraphim leben.

Die menschliche Gestalt ist das Werk der Exusiai, Dynamis, Kyriotetes

Anthroposophische Leitsätze, Rudolf Steiner, 1925, GA 26, S. 184

In diesen göttlich-geistigen Wesen lebt der Wille, dass der Mensch werde. An dem Werden jedes einzelnen Menschen ist der Wille aller beteiligt. In ihrem chormäßigen Zusammenwirken liegt als Weltenziel die Entstehung der menschlichen Gestalt. Denn noch ungestaltet lebt der Mensch in der göttlich-geistigen Welt. Es erscheint vielleicht sonderbar, dass auch schon für einen Menschen der ganze Chor göttlich-geistiger Wesen wirkt. Aber schon früher wirkten so die Hierarchien Exusiai, Dynameis, Kyriotetes, Throne, Cherubim, Seraphim durch die Monden-, Sonnen- und Saturnentwickelung, damit der Mensch werde.

Unsere Glieder sind zusammengeballte Gedanken von Exusiai, Kyriotetes usw.

In der Bibel wird der Schöpfergott «Elohim» genannt. Laut Rudolf Steiner gehört er zur göttlichen Trinität. Seine Wirksamkeit reicht von dieser Sphäre durch die Hierarchien hindurch und hinunter bis zur Sphäre der Exusiai, den Geistern der Form, die die menschliche Gestalt bilden. Die Kyriotetes oder Geister der Weisheit denken den Stoff, die Dynamis bringen den Stoff in Bewegung, die Exusiai schaffen die lebenden Formen. Wir werden zum Menschen durch kosmische Gedanken.

Die Wissenschaft vom Werden des Menschen, Rudolf Steiner, 1918, GA 183, S. 110

Was Sie im Grabe lassen, was verbrannt wird, das sind nur, ich möchte sagen, die mineralischen Einschlüsse. Ihre Arme und Hände, Ihre Beine und Füße sind nicht sichtbare Füße und so weiter, sie sind Kräfte, und diese nehmen Sie mit. Die Formen nehmen Sie mit. Sie sagen: Ich habe Hände und Füße. – Derjenige, der in die geistigen Welten hineinsieht, der sagt nicht: Ich habe Hände und Füße –, sondern er sagt: Es gibt Geister der Form, Elohim, die denken kosmisch, und deren Gedanken sind meine Arme und Hände und Beine und Füße; und deren Gedanken sind mit Blut und anderen Säften ausgefüllt. – Aber Blut und andere Säfte sind auch wiederum nicht das, als was sie im Physischen erscheinen; diese Stoffe sind wiederum die Vorstellungen der Geister der Weisheit, und dasjenige, was der Physiker Stoff nennt, das ist nur der äußere Schein. Wo der Physiker den Stoff hinsetzt, müsste er sagen: Da stoße ich auf einen Gedanken der Geister der Weisheit, der Kyriotetes. Und wo Sie Arme und Hände, Beine und Füße sehen, da können Sie nicht einmal darauf stoßen, da müssen Sie sagen: Hier bilden die kosmischen Gedanken der Geister der Form meine Formen. – Kurz, so sonderbar das klingt: Ihren Körper gibt es ja gar nicht, sondern da, wo im Raume Ihr Körper ist, da leben durcheinander die kosmischen Gedanken der höheren Hierarchien. Und würden Sie nicht der Maja gemäß, sondern richtig sehen, so würden Sie sagen: Hier erstrecken sich herein die kosmischen Gedanken der Exusiai, der Geister der Form, der Elohim. Diese kosmischen Gedanken machen sich mir sichtbar, indem sie ausgefüllt sind mit den kosmischen Gedanken der Geister der Weisheit. Das gibt Arme und Hände, Beine und Füße. Gar nicht steht das da, als was es in der Maja erscheint, vor dem geistigen Blicke, sondern da stehen die kosmischen Gedanken, und diese kosmischen Gedanken ballen sich zusammen, kondensieren sich, schieben sich ineinander, und daher erscheinen sie uns als diese Schattenfigur, als die wir herumgehen, von der wir glauben, dass sie wirklich ist. Also den physischen Menschen, den gibt es gar nicht.

Der Leib als Tempel Gottes Die Wirkung der drei Hierarchien im Menschen und in der Natur

In unserem Bewusstsein wirkt die dritte Hierarchie.
In unserem Ätherleib und in der lebendigen Natur wirkt die zweite Hierarchie.
In unserem physischen Leib und in der physischen Welt wirkt die erste Hierarchie.

Die Polarität von Dauer und Entwickelung,
Rudolf Steiner, 1918, GA 184, S. 55

Durch Ihren astralischen Leib hängen Sie zusammen mit dem geschichtlichen Leben der Menschheit. In das geschichtliche Leben der Menschheit wirken wiederum herein die Wesenheiten der dritten Hierarchie, die das geschichtliche Leben der Menschen machen. Aber wenn Sie weitergehen, wenn Sie bis zum Ätherleib hinuntergehen, da ist dieser Ätherleib eine sehr komplizierte Wesenheit. Der Mensch kennt nicht viel im heutigen Bewusstsein von der ganzen Kompliziertheit, die diesem menschlichen Ätherleib zugrunde liegt. Aber Sie bekommen ja einen gewissen Begriff, was da alles arbeiten muss an diesem Ätherleib, wenn Sie die *«Geheimwissenschaft im Umriss»* studieren; da ist Ihnen in der Aufeinanderfolge der Saturn-, Sonnen- und Mondenzeit, also der aufeinanderfolgenden Verkörperungen unserer Erde gezeigt, wie dieser Ätherleib sich herausbildet aus dem gesamten Kosmos, und wie die Wesenheiten der höheren Hierarchien mitwirken. Bringen wir das in eine anschauliche Formel, so können wir von einem gewissen Gesichtspunkte aus sagen: Alles das im Weltenwerden, was also jetzt umfassender ist, womit unser Ätherleib ebenso zusammenhängt wie unser astralischer Leib mit dem geschichtlichen Leben der Menschheit, das wird geschaffen und gebildet von den Wesenheiten der zweiten Hierarchie, von den Exusiai, Dynameis, Kyriotetes. Also ich werde, um dies zu veranschaulichen, sagen: Von den Wesenheiten der zweiten Hierarchie wird alles dasjenige gemacht, was in den menschlichen Ätherleib hineinwirkt. Aber dadurch ist wieder etwas anderes gegeben. Wenn Sie des Morgens aufwachen und untertauchen in Ihren Ätherleib, dann tauchen Sie eigentlich ein in das Geschöpf der Wesenheiten der zweiten Hierarchie. Und Sie tauchen auch in Ihren physischen Leib unter. Von diesem physischen Leib, den das Mysterienwesen daher den Tempel des Menschen nennt, ist das, was die äußerliche Anatomie und Physiologie zutage fördert, eben wirklich nur die alleralleräußerste Hülle. Von diesem ungeheueren Wundergebilde des menschlichen physischen Leibes bekommt man nur einen Begriff, wenn man weiß: er ist das Geschöpf des Zusammenwirkens der Wesenheiten der ersten Hierarchie. Wenn Sie des Morgens beim Aufwachen untertauchen in Ihren physischen Leib, so tauchen Sie eigentlich in das Werk höchster Hierarchien unter. Also denken Sie, wie im Leben die Dinge verteilt sind: Hier zwischen Geburt und Tod, wenn wir wachen, tauchen wir unter zunächst in unseren astralischen Leib, in dem wirksam ist das geschichtliche Leben der Menschheit. Wir tauchen aber auch unter in unseren Ätherleib, das Geschöpf der zweiten Hierarchie, in dem wirksam ist vieles vom Kosmos, das ätherische Leben des Kosmos. Und wir tauchen unter in unseren physischen Leib, der die Schöpfung ist der Wesenheiten der ersten Hierarchie. Und wenn wir leben zwischen dem Tod und einer neuen Geburt, dann leben wir nicht mit dem Geschöpf, sondern mit den Schöpfern selber.

Die geistigen Hierarchien und ihre Wirksamkeit im Raum

Die vierte Dimension, Rudolf Steiner, 1909, GA 324a, S. 124

Frage: Hat man sich die geistigen Hierarchien mit dem Begriff der Räumlichkeit vorzustellen, da doch bei ihnen von Herrschaftsgebieten gesprochen wird? Vom Menschen können wir sagen, es lebt sich die Wesenheit dieses Menschen innerhalb des Raumes aus. Den Raum selber muss man sich aber, okkult gedacht, auch als etwas schaffend Erzeugtes vorstellen. Diese Erschaffung liegt vor den Arbeiten und Wirkungen der höchsten Hierarchien; wir werden den Raum also voraussetzen dürfen. Nicht räumlich vorstellen aber dürfen wir uns die höchste Trinität, denn der Raum ist auch ihr Erzeugnis. Die [geistigen] Wesenheiten haben wir uns aber ohne den Raum vorzustellen; der Raum ist etwas Geschaffenes. Aber die Wirkungen der Hierarchien in unserer Welt sind räumlich begrenzt, wie die des Menschen.

Wir «schwimmen» mit unserem Haupt über dem Meer der hierarchischen Wirksamkeiten

Esoterische Betrachtungen karmischer Zusammenhänge, Rudolf Steiner, 1924, GA 236, S. 227

Und jetzt bekommen wir auch den Grund, warum auf Erden gerade die Freiheit sich entwickeln kann. Solange der Mond mit der Erde verbunden war, und solange die alten Urlehrer aus ihrer Erinnerung heraus die Menschen lehrten, und solange man dann in den Mysterien noch das von den alten Urlehrern Gelehrte aufbewahrte, was ja bis ins 14. nachchristliche Jahrhundert hinein dauerte, so lange war alle Weisheit das mit den Augen der Götter Geschaute. Erst seit dem Zeitenraum, den ich Ihnen angegeben habe, 1413, ist die Erde ganz in die Unmöglichkeit versetzt, mit den Augen der Götter zu schauen. Da beginnt also mit der Entwickelung der Bewusstseinsseele die Möglichkeit, die Freiheit für die Menschen zu entwickeln. Aber eigentlich ist der Mensch ja auf der Erde nur in Bezug auf seine sinnliche Wahrnehmung und in Bezug auf alles das, was Verstandeserkenntnis ist, denn das hängt mit dem sinnlich-physischen Leib zusammen. – In Wahrheit ist die Sache so: Wenn wir uns den Menschen vorstellen, so ist er nur in Bezug auf seine Sinne und auf seine Verstandeserkenntnis herausragend über die Hierarchien, die über ihm wohnen – ich müsste also das Rote über den Wärmesinn und alles führen –, während er mit Bezug auf alles, was hinter seinem Verstande liegt, ausgefüllt ist mit der dritten Hierarchie. Mit Bezug auf alles, was hinter seinem Fühlen liegt, ist er ausgefüllt mit der zweiten Hierarchie, für alles das, was hinter seinem Wollen ist, mit der ersten Hierarchie. Wir sind also eigentlich in den Hierarchien drinnen und ragen nur mit unseren Sinnesorganen und mit unserem Verstande aus der Welt der Hierarchien heraus. Wir sind wirklich so als Menschen, wie wenn wir schwimmen würden und nur ein wenig oben mit dem Kopf herausragen würden. So ragen wir mit unseren Sinnen und mit unserem Verstande aus dem Meere der Hierarchienwirkungen heraus.

Der Äther ist wie ein Meer

Anthroposophische Leitsätze, Rudolf Steiner, 1925, GA 26, S. 224

Die Kräfte, die den Ätherleib in die Welt hineinstellen, kommen aus dem Umkreis der Welt, wie die für den physischen Leib aus dem Mittelpunkt der Erde strahlen. Aber mit den Ätherkräften, die aus dem Umkreis des Kosmos auf die Erde einströmen, kommen auch diejenigen Weltimpulse, die im astralischen Leibe des Menschen wirken. Der Äther ist wie ein Meer, in dem sich schwimmend aus den allseitigen Weltenfernen die Astralkräfte der Erde nähern.

Der Mensch erhebt sich aus dem Meer der geistigen Wirklichkeit

Anthroposophische Leitsätze, Rudolf Steiner, 1925, GA 26, S. 206

Im Wachzustande muss der Mensch, um sich im vollen, freien Selbstbewusstsein zu erleben, auf das Erleben der wahren Gestalt der Wirklichkeit im eigenen und im Naturdasein verzichten. Er erhebt sich aus dem Meere dieser Wirklichkeit, um in den Gedankenschatten das eigene Ich zum wirklich eigenen Erleben zu machen.

Übe Geist-Erinnern
in Seelentiefen
wo in waltendem
Weltenschöpfer-Sein
das eigne Ich
im Gottes-Ich
erweset
und du wirst wahrhaft leben
im Menschen-Welten-Wesen

Erster Vorausblick auf das folgende «Ex Deo nascimur»

Über das Gedächtnis. *Rudolf Steiner entwickelte unzählige Übungen für das Gedächtnis, kleine und große Rückschau-Übungen, Rückschau auf den Tag, auf naheliegende Erinnerungen, auf die Jugendzeit, auf das vorherige Karma und auf die Weltgeschichte im Lichte des Geistes. Die ganze «Geheimwissenschaft im Umriss» kann als eine Gedächtnisübung auf kosmischer Ebene gesehen werden, als Rückschau auf frühere Inkarnationen der Erde.*

Geistige und soziale Wandlungen, Rudolf Steiner, 1920, GA 196, S. 205

Und damit komme ich auf ein bedeutsames Kapitel geistiger Erkenntnis. Nehmen Sie an, Sie reflektieren in menschlicher Selbsterkenntnis auf das Gedächtnis, auf die Erinnerungsfähigkeit. Sie sagen: Ich wende mein inneres Organ, mein Seelenorgan, auf die Erinnerungsfähigkeit. – Aber auf das, auf was Sie da hinschauen, müssen Sie, wenn Sie mit vollem Bewusstsein hinschauen, so hinschauen, dass Sie sich sagen: In dieser ganzen Tätigkeit, in diesem Vorgang des Erinnerns webt und lebt der Angelos drinnen. – Versuchen Sie jetzt in diesem Moment einmal, sich an etwas zu erinnern, was Sie gestern erlebt haben, an irgendein Ereignis. Da haben Sie einen inneren Seelenvorgang sich abspielen lassen. In dem, was sich da abspielt, und indem ein gestriger Gedanke in Ihnen auftaucht, ein gestriges Erlebnis sich Ihnen neu offenbart in der Erinnerung, darinnen ist ein Engel tätig. Und wenn Sie intelligent nachdenken – allerdings, es muss intelligent sein, das heißt mit innerer Aktivität, nicht ein bloßes Hinbrüten, nicht das, was die meisten Menschen intelligentes Denken nennen, das ist nämlich nur das Kochen der Erinnerungen, da lassen die Menschen aus ihrem Leibe heraus die Erinnerungen kochen, das Denken beginnt erst, wenn man die Gedanken aktiv innerlich auffasst –, wenn man also eine innere Aktivität entwickelt, da ist ein Erzengel dabei. Und wenn Sie gar herumhören, herumschauen, dann müssen Sie sagen: In meinen Ohren, in meinen Augen, da sind die Thronsessel der Archai, der Zeitgeister. – Wenn Sie sich fragen: Wo sind die Zeitgeister, die Archai, welche die aufeinanderfolgenden Weltenalter der Erde regieren? – dann sollen Sie sie nicht suchen in ganz unbekannten Gegenden, Sie sollen sie suchen in den Sinnesorganen der Menschen. Da sitzen sie drinnen. Eine schon in Bezug auf die Seelenfähigkeiten dekadente Zeit suchte ja die Götter da oben über dem Blauen, das gar nicht vorhanden ist, auch wohl die Zeitgeister da über dem Blau, das gar nicht vorhanden ist. Wenn der Mensch fragt: Wo sind denn die Zeitgeister? – sie sitzen in seinen Augen, in seinen Ohren, dort haben sie ihre Thronsessel.

Der Weltschöpfer ist gemäß der biblischen Schöpfungsgeschichte der Elohim

Geistige Hierarchien, Rudolf Steiner, GA 110, S. 178

Frage an Rudolf Steiner: Stehen die Elohim noch über den neun Hierarchien?

Antwort: Die Elohim sind diejenigen Wesenheiten, die bei der Trennung der Sonne von Mond und Erde mit der Sonne verbunden geblieben sind; sie gehören der Hierarchie an, die man die Gewalten, Geister der Form nennt, von da ab den Hierarchien nach oben. Sie sind noch innerhalb unserer Entwickelung. Elohim ist der Gesamtname für die Sonnenwesen; sie hatten damals die Sonne zum Wohnplatz erkoren – nicht zum Wirkungskreis. Christus, der Höchste der Elohim, ist der Regent derselben. Er gehört aber nicht zu den Hierarchien, sondern zur Trinität. In Christus haben wir eine Wesenheit vor uns, die so mächtig ist, dass sie auf alle Glieder unseres Sonnensystems Einfluss hat.

Ich bin

Neunzehnte Klassenstunde, Rudolf Steiner, 1924, GA 270, S. 356

Derjenige, der in der Esoterik Reich eindringen will, sollte eigentlich zunächst fühlen, dass das uralt heilige «ejeh asher ejeh» – «Ich bin Ich», «Ich bin» – ein heiliges Wort ist, das aus einer jenseitigen Wirklichkeit herübertönt. Es ist nur ein Abglanz, was wir im flüchtigen Gedanken als «Ich bin» festhalten. Eigentlich müssen wir uns bewusst sein, dass das wahre «Ich bin» zunächst im Erdenbereiche nicht aus uns spricht, dass wir, wollen wir würdig und wert «Ich bin» sagen, wir erst hineinkommen müssen in das Reich der Seraphine, Cherubine und Throne. Dort erst klingt das «Ich bin» wahr. Hier im Erdenbereiche ist es Illusion. Da aber müssen wir, damit wir das wahre «Ich bin» in uns erleben, da müssen wir das Weltenwort hören. Da müssen wir die Frage vernehmen vom Hüter der Schwelle, wer denn eigentlich im Weltenworte spricht. Seraphine, die mit Blitzesflammen, Geistes-Blitzesflammen ihren Weg durch die Welt wellen, sie sprechen die Feuersprache des Weltenwortes da, wo wir nun stehen. Das Wort ist Flamme, flammende Stimme. Und indem wir in diesem lodernden Weltenfeuer, das in der flammenden Stimme die Feuersprache spricht, uns erleben, erleben wir das wahre «Ich bin».

Denn es waltet
der Vater-Geist der Höhen
in den Weltentiefen
Sein-erzeugend

Die Wirksamkeit der Trinität und der Hierarchien in unserem Leib

Initiationswissenschaft und Sternenerkenntnis,
Rudolf Steiner, 1923, GA 228, S. 71

Und dann unser physischer Leib! Wenn wir alles dasjenige, was in unserem physischen Leibe als großartige, gewaltige Vorgänge sich abspielt, selbst besorgen müssten, dann würden wir dieses nicht nur schlecht machen, sondern wir wüssten überhaupt nichts damit anzufangen, denn da sind wir ganz hilflos. Was die äußere Anatomie sagt über den physischen Leib, das würde nicht einmal ein Atom von ihm in Bewegung setzen können. Dazu gehören ganz andere Mächte. Diese Mächte sind keine anderen als diejenigen, die seit uralten Zeiten genannt werden die Mächte der obersten Trinität, die Vater-, Sohnes- und Geistmächte, die eigentliche Trinität, die in unserem physischen Leibe wohnt. So können wir sagen: Unser ganzes Erdenleben hindurch ist unser physischer Leib nicht unser; er würde durch uns selbst nicht seine Entwickelung durchmachen. Er ist, wie die alten Zeiten gesagt haben, der wahre Tempel der Gottheit, der dreifach erscheinenden Gottheit. Unser Ätherleib ist der Wohnplatz für die Hierarchie der Seraphim, Cherubim, Throne; unsere Organe, die dem Ätherleib zugeteilt sind, die müssen mitversorgt werden durch die Seraphim, Cherubim, Throne. Und das, was wir an physischen Organen und Ätherorganen haben, und was in der Nacht durch den astralischen Leib verlassen wird, das muss versorgt werden durch die zweite Hierarchie, Kyriotetes, Dynamis, Exusiai. Und was wir als Organe haben, die durch das Ich verlassen werden, das muss während der Nacht versorgt werden durch die dritte Hierarchie, durch die Angeloi, Archangeloi, Archai. So ist ein fortwährendes Wirken im Menschen, das nicht nur von ihm selbst ausgeht. Er hat sozusagen nur als ein Unterwohner Wohnung während des Wachens in diesem seinem Organismus. Dieser sein Organismus ist zu gleicher Zeit die Tempel- und Wohnstätte der Geister der höheren Hierarchien.

Die höchste Engelhierarchie vollzieht ausschließlich den Willen des Schöpfers

Geistige Hierarchien, Rudolf Steiner, 1909, GA 110, S. 160

Was ist es denn, was die Seraphim, Cherubim, Throne als etwas ganz Besonderes haben vor allen anderen Wesenheiten in der Welt? Sie haben, was man genannt hat den «unmittelbaren Anblick der Gottheit». Was der Mensch sich durch seine Entwickelung nach und nach suchen muss, das haben sie von allem Anbeginn an. Wir Menschen sagen: Wir müssen von unserem heutigen Standpunkt ausgehen, um immer höhere Kräfte der Erkenntnis, des Willens und so weiter zu erlangen; dadurch werden wir immer näher und näher der Gottheit kommen, immer gegenwärtiger wird uns die Gottheit sein. Aber wir sagen uns: Wir entwickeln uns zu etwas hinauf, was uns noch verschleiert ist, zur Gottheit hin. Das macht den Unterschied aus zwischen den Seraphim, Cherubim, Thronen und dem Menschen: dass vom Anbeginn unserer Entwickelung an diese höchsten Wesenheiten der geistigen Hierarchien unmittelbar herum sind um die göttliche Wesenheit, um die göttliche Trinität, dass sie den Anblick der Gottheit von Anbeginn an genießen. Wozu der Mensch sich entwickeln soll, das haben sie vom Anbeginn. So also ist es unendlich wichtig, zu wissen, dass diese Wesenheiten, wenn sie entstehen, Gott anschauen, dass sie, indem sie leben, immerfort Gott anschauen. Was sie nun tun, was sie vollbringen, sie tun es aus ihrer Gottesanschauung heraus, Gott tut es durch sie. Sie könnten gar nicht anders, es wäre ihnen unmöglich, jemals anders zu handeln, als sie es tun, denn die Gottesanschauung ist eine so starke Kraft, hat eine solche Wirkung auf sie, dass sie mit unmittelbarer Sicherheit und unmittelbarem Impulse dasjenige in Szene setzen, was die Gottheit ihnen aufträgt. So etwas wie überlegen, wie urteilen gibt es im Kreise dieser Wesenheiten nicht, es gibt da nur eine Anschauung der Befehle der Gottheit, um den unmittelbaren Impuls zu haben, das, was sie angeschaut haben, auch zu tun. Und dabei sehen sie die Gottheit in ihrer ursprünglichen, wahren Gestalt, so wie diese Gottheit ist. Sie selber aber sehen sich nur wie die Vollstrecker des göttlichen Willens, der göttlichen Weisheit an. So ist es bei der höchsten Hierarchie.

Zweiter Vorausblick auf das folgende «Ex Deo nascimur»

Die Mission einzelner Volksseelen, Rudolf Steiner, 1910, GA 121, S. 101

Dasjenige, was auf unserer Erde äußerlich vorzugsweise als flüssiges Element erscheint – allerdings nicht unser heutiges Wasser, sondern das alte flüssige Element, das durch die Geister der Form zur Ruhe gebracht worden ist –, das müssen wir als die äußerste Manifestation der Geister des Willens oder der Throne auffassen. Immer aber mischt sich in dieses Wirken ein anderes Element hinein; es wird sozusagen den Geistern des Willens oder Thronen Hilfe geleistet von den Cherubimen und Seraphimen. Von den Cherubimen wird Hilfe geleistet im Elemente der Luft, in allem, was als Luftförmiges die scheinbare Materie der Erde durchdringt. Luft ist gleichsam eine Illusion, und dahinter stehen die mächtigen Wesenheiten, die wir Cherubime nennen. Die Seraphime wirken in dem, was wir als Wärme kennen, hinter allem, was irgend als Wärme vorhanden ist. Wir blicken damit auf das hin, was in unserem Planeten durch Ausstrahlen von innen heraus aus dem Mittelpunkt bewirkt wird. Wir können also sagen: Unser Planet ist so zusammengesetzt, dass aus seinem Mittelpunkt heraus wirken die Geister des Willens oder Throne, die Cherubime und Seraphime. Wir müssen unseren Planeten so auffassen: Wo die Luft- und Wärmegrenze desselben ist – das Luftmeer gehört ebenso zu unserem Planeten wie das Wasser oder die feste Erde –, da wird gleichsam eine Oberfläche gebildet. Auf dieser Oberfläche tanzen förmlich auf den Wellen und bringen sie zur Ruhe, zur Form, die Geister der Form. Aus diesem Grunde wurde ihnen der Name gegeben, weil sie das zähflüssige Element zur Ruhe bringen. Hinter ihnen stehen die Geister der Bewegung. In deren Element mischt sich wieder dasjenige, was wir die Geister der Weisheit nennen. So dass wir, wenn wir gegen den Mittelpunkt unseres Planeten hinblicken, sagen können: Da sind erhabene Wesenheiten, Throne, Cherubime, Seraphime. Blicken wir hinaus, so schauen wir zunächst durch die Sphäre der Geister der Form, die Luft und Wärme durchdringen mit ihrem Element, auf die Geister der Bewegung und die Geister der Weisheit. Alles, was wir an Naturkräften und Erscheinungen haben, wenn wir den Blick hinausrichten in den Umkreis unserer Erde, wenn wir hinaufschauen in Himmelshöhen, das ist im Wesentlichen der zweiten Hierarchie zuzuschreiben. Alles, was wir erblicken, wenn wir in die Tiefen der Erde hinunterschauen, das schreiben wir den Wesenheiten zu, die wir als die dritte Hierarchie bezeichnet haben. Das eigentümliche Zusammenwirken der zweiten und dritten Hierarchie, das gibt die Konfiguration unserer Umgebung. In welchem Naturelement – wir haben die drei Naturelemente Wasser, Luft, Feuer als mit den Geistern des Willens, den Cherubimen und Seraphimen in Verbindung stehend angeführt – geben sich nun die Geister der Form kund? Das sind die nächsten Wesen, die auf der Oberfläche tanzen, auf der wir weben, leben und sind. Sie kommen aus dem Weltenraum herein, entfalten aber ihre Kraft nur in dem, was aus der Erde heraufströmt. Für unsere Beobachtung sind sie konzentriert in dem, was wir die ausstrahlenden Sonnenstrahlen nennen. Das Licht ist also das Element, in dem die Geister der Form zunächst weben und leben. Indem aber die Lichtwirkungen mit alle dem, was sie enthalten, sich an der Grenze, wo die Geister der Bewegung und die Geister des Willens zusammenwirken, entfalten, da werden die festen Formen erzeugt.

Seraphim, Cherubim, Throne
lasset aus den Höhen erklingen
was in den Tiefen das Echo findet
dieses spricht
ex Deo nascimur

Die Wirkung der Hierarchien in den Aggregatzuständen des Stoffes

Im Stoff und in den Aggregatzuständen des Stoffes wirken die schöpferischen Kräfte der ersten und zweiten Hierarchie. *Als Schöpfer der lebendigen Natur nutzt die zweite Hierarchie die Bewegungen von Sonne, Mond und Planeten sowie die Strömungen von Wasser, Luft und Wärme, um die lebendige Natur mit ihren Pflanzen, Tieren und Menschen zum Leben zu erwecken.*

Die Geheimnisse der biblischen Schöpfungsgeschichte,
Rudolf Steiner, GA 122, S. 112, 116, 119

Und derjenige, der den Dingen auf den Grund gehen will, muss fragen: Wer hat es denn gemacht innerhalb der Reihe der Hierarchien, dass aus dem dünneren Wärmestoff, wenn ich mich so ausdrücken darf, der dichtere Luftstoff gefestigt worden ist? – Niemand anders hat das bewirkt als wiederum dieselben Geister des Willens, die den Wärmestoff aus sich herausgeopfert haben. So dass wir diese Tätigkeit der Geister des Willens so auffassen können, dass wir sagen: sie waren während des alten Saturndaseins so weit, dass sie ihre eigene Substanz als Wärme ausfließen ließen, substantiell hinopferten, dass ihr Feuer in das planetarische Dasein des alten Saturn einströmte. Dann erhärteten sie dieses ihr Feuer während des alten Sonnendaseins zum Gasigen. Sie selber waren es aber auch, die ihr Gasiges während des alten Mondendaseins zum Wässerigen dichteten, und während des Erdendaseins verdichteten sie weiter ihr Wässeriges zum Erdigen, zum Festen.

[…]

Wir dürfen uns aber nicht denken, dass wir nun diese Gebiete streng voneinander scheiden können, dass wir feste Grenzen zwischen ihnen ziehen können. Unser ganzes Erdenleben beruht ja darauf, dass Wässriges und Luftförmiges und Festes ineinanderwirken, dass die Wärme alles durchdringt und durchsetzt. Es gibt kein Festes, das nicht in irgendeinem Wärmezustand wäre. Die Wärme finden wir allüberall in den anderen elementarischen Daseinsstufen. Daher dürfen wir sagen: Wir finden auch das Wirken der Elohim, das eigentliche Kraftelement des Wärmehaften, allüberall. Es hat sich überall hineinergossen. Wenn es auch zu seiner Voraussetzung haben musste die Tätigkeit der Geister des Willens *(Throne)*, der Weisheit *(Kyriotetes)*, der Bewegung *(Dynamis)*, so durchdrang es doch während des Erdendaseins, dieses Element der Wärme, das die Manifestation der Geister der Form *(Exusiai)* ist, all die niederen Stufen des Daseins. – So werden wir im Festen nicht nur gleichsam die substantielle Grundlage, den Leib der Geister des Willens *(Throne)* finden, sondern wir sehen diesen Leib der Geister des Willens durchsetzt und durchwoben von den Elohim selber, von den Exusiai oder Geistern der Form.

[…]

Der Seher hat es nicht so bequem. Sobald man auf die geistigen Untergründe zurückgeht, kann man nicht überall dasselbe sehen. Andere geistige Wesenheiten sind da tätig, wenn, sagen wir, aus irgendeinem Gasigen unmittelbar auf dem Erdboden ein Flüssiges sich bildet oder wenn im Umkreise der Erde das Gasige, das Dampfförmige sich zum Flüssigen ballt. Wenn wir also auf das Entstehen des Wässerigen in unserem Luftkreis blicken, dann kann der Seher nicht sagen, das Wässerige entsteht da ganz auf dieselbe Art wie auf dem Erdboden, die schwebende Art entsteht auf dieselbe Art, wie sich Wasser dichtet in dem Erdengrunde selber, auf dem Erdboden selber. – Denn in Wirklichkeit sind andere Wesenheiten an der Wolkenbildung beteiligt als bei der Bildung des Wassers auf dem Erdboden. Das, was ich eben gesagt habe von der Teilnahme der Hierarchien an unserem elementarischen Dasein, das bezieht sich nur auf die Erde, vom Mittelpunkt bis herauf, wo wir selbst stehen, aber dieselben Kräfte reichen nicht aus, um zum Beispiel auch die Wolken zu bilden. Da sind andere Wesenheiten am Werke. Die Naturphilosophie, die sich aus der heutigen Physik bildet, geht nach einem sehr einfachen Grundsatz vor. Sie sucht zuerst einige physikalische Gesetze und sagt, die beherrschen nun alles Dasein. Und dann übersieht sie alles Verschiedene auf den verschiedenen Daseinsgebieten. Wenn man das tut, geht man nach dem Grundsatz vor: In der Nacht sind alle Kühe grau, mögen sie auch noch so verschiedene Farben haben. Die Dinge sind aber nicht überall dieselben, sondern sie stellen sich auf den verschiedenen Gebieten sehr verschieden dar. Derjenige nun, dem zum Bewusstsein gekommen ist durch seherische Forschung, dass innerhalb unserer Erde waltet im erdigen Element das Wesen der Throne *(Geister des Willens)*, im Wässerigen das Wesen der Geister der Weisheit *(Kyriotetes)*, im Luftförmigen das der

Geister der Bewegung *(Dynamis)*, im Wärmehaften das der Elohim *(Elohim)* der steigt allmählich auf zu der Erkenntnis, dass bei der Ballung der Wolken, bei jenem eigenartigen, in unserem Erdenumkreise vor sich gehenden Wässerigwerden des Gasförmig-Wässerigen, am Werke sind jene Wesenheiten, die der Hierarchie der Cherubime angehören. So sehen wir auf unser Festes, auf das, was wir als elementarisches Erdendasein bezeichnen, und schauen in ihm ein Durcheinanderwirken der Elohim mit den Thronen. Wir richten den Blick aufwärts und sehen, wie in dem Luftförmigen, in dem ja allerdings die Geister der Bewegung *(Dynamis)* walten, wie da am Werke sind die Cherubime, damit das Wässerige, das aus dem Bereiche der Geister der Weisheit *(Kyriotetes)* aufsteigt, sich zu Wolken ballen kann. Im Umkreise unserer Erde walten ebenso wahr die Cherubime, wie da walten innerhalb des elementarischen Daseins unserer Erde die Throne, die Geister der Weisheit *(Kyriotetes)*, die Geister der Bewegung *(Dynamis)*. – Und wenn wir jetzt sehen das Weben und Wesen dieser Wolkenbildungen selber, wenn wir das sehen, was gleichsam als ihr Tieferes verborgen ist, was sich nur zuweilen kundgibt, so ist es der aus der Wolke herausdringende Blitz und Donner. Das ist auch nicht etwas, was aus dem Nichts herauskommt. Dieser Tätigkeit liegt für den Seher zugrunde das Weben und Wesen derjenigen Geister der Hierarchien, die wir als die Seraphime bezeichnen. Und damit haben wir, wenn wir in unserem Erdenbereich bleiben, wenn wir bis zum nächsten Umkreis gehen, alle einzelnen Stufen der Hierarchien gefunden. So sehen wir in dem, was uns sinnlich entgegentritt, den Ausfluss, die

Manifestationen hierarchischer Tätigkeit. Es wäre ein völliger Unsinn, wenn man in dem aus der Wolke schlagenden Blitz dasselbe sehen würde wie das, was man sieht, wenn ein Zündholz angezündet wird. Ganz andere Kräfte walten, wenn überhaupt aus der Materie das Element, das im Blitz waltet, das Elektrische, herauskommt. Da walten die Seraphime. So haben wir die Gesamtheit der Hierarchien auch in unserem Erdenumkreise gefunden, so wie wir sie im Kosmos draußen finden können. Es dehnen eben diese Hierarchien ihre Tätigkeit auch auf das aus, was in unserem unmittelbaren Umkreise ist.

Exusiai denken unser Ich

Die drei Rosenkreuzersprüche wurden von Rudolf Steiner auf Lateinisch gesprochen. *Der Rosenkreuzerspruch ist von Rudolf Steiner in vielen Varianten übersetzt worden, meistens in der Ich-Form. Das ist die Form, die der Entwicklung der Bewusstseinsseele entspricht. Im Aussprechen des Spruchs sind nacheinander die erste, zweite und dritte Hierarchie sprechend anwesend. Der erste Spruch lautet: «Ex Deo nascimur».*

Zwölfte Klassenstunde, Rudolf Steiner, 1924, GA 270, S. 248

Nun, meine lieben Schwestern und Brüder, wir denken im Erdenleben; unsere Gedanken sind fast Nichtigkeiten. Wenn aber ein Wesen aus der Reihe der Exusiai denkt, so denkt es uns. Unser Ich ist gedacht. Und es ist seiend als Gedanke eines Wesens aus der Reihe der Exusiai. Sprechen wir auf der Erde «Ich» zu uns, worauf schauen wir dann? Ja, dieses Ich: Wenn wir sprechen «Ich», wir schauen zurück auf dieses Ich, sprechen das Wort Ich aus. Aber ein Wesen aus der Reihe der Exusiai, bei dem ist dieses Ich Gedanke, aber realer, wirklicher Gedanke. Wir sind dadurch, dass wir gedacht werden von Wesen aus der Reihe der Exusiai. Und wenn wir selber zu uns «Ich» sprechen, so konstatieren wir eigentlich, dass wir von Götterwesen gedacht werden. Und in diesem Gedacht werden von Götterwesen besteht unser höheres Sein.

Das hören die Elementargeister
im Osten, Westen, Norden, Süden
Menschen mögen es hören

Eine Charakter-Skizze der Elementarwesen

Die geistigen Wesenheiten, Rudolf Steiner, 1912 GA 136, S. 28, 63

Besonders geeignet ist es, wenn man sich dem eigentümlichen Spiel hingibt, sagen wir, einer in einem Wasserfall sich zerstäubenden, sich überschlagenden Wassermasse; wenn man sich hingibt den sich bildenden, sich auflösenden Nebeln und dem Wasserdunst, der die Luft erfüllt und rauchförmig nach oben geht, oder wenn man einen feinen Regen nach unten strömen sieht oder auch ein leises Rieseln durch die Luft gehen fühlt. Wenn man all dem gegenüber moralisch empfindet, so ergibt das die zweite Klasse von Wesenheiten, denen gegenüber wir anwenden möchten das Wort Metamorphose, Verwandlung. Diese zweite Gruppe von Wesenheiten könnten wir nicht zeichnen, so wenig wie man eigentlich den Blitz malen kann. Man kann eine bestimmte Gestalt, die nur einen Augenblick vorhanden ist, festhalten, im nächsten ist das alles schon verwandelt. Also solche sich immer verwandelnden Wesenheiten, deren Symbol wir für die Imagination höchstens finden können in den sich verwandelnden Wolkengebilden, sie erscheinen uns als die zweite Klasse von Wesenheiten. Aber wir machen noch auf eine andere Weise als Okkultisten Bekanntschaft gerade mit diesen Wesenheiten. Wenn wir Pflanzen betrachten, wie sie zur Frühlingszeit aus der Erde herauskommen – wohlgemerkt, wenn sie die ersten grünen Sprossen heraustreiben, nicht später, wenn sie sich schon anschicken, Früchte zu tragen – dann fühlt der okkulte Blick, dass dieselben Wesenheiten, die er entdeckt hat in den zerstäubenden und sich wiederum überschlagenden Wassermassen und in den sich sammelnden Nebeln, umspülen die Pflanzenknospen. So dass wir sagen können, dass, wenn wir hier aus der Erde die Pflanze heraussprossen sehen, wir sie überall umspült sehen von solchen sich metamorphosierenden Wesenheiten. Und der okkulte Blick fühlt dann, als wenn das, was da oben unsichtbar über der Pflanzenknospe webt und west, etwas zu tun hätte mit dem, was die Pflanze aus dem Boden herausstreben macht, herausholt aus dem Boden. Ja sehen Sie, meine lieben Freunde, die gewöhnliche physische Wissenschaft erkennt nur das Wachstum der Pflanzen, weiß nur, dass die Pflanze eine Triebkraft hat, die von unten nach oben sprießt. Der Okkultist aber erkennt: Bei der Blüte ist das anders. Nehmen wir an, da wäre ein junger Pflanzensproß. Der Okkultist erkennt um den jungen Pflanzensproß herum sich metamorphosierende Wesenheiten, die gleichsam entlassen sind aus der Umgebung und herunterdringen; die nicht bloß, wie es das physische Wachstumsprinzip tut, von unten nach oben gehen, sondern die von oben nach unten wirkend die Pflanzen herausholen aus dem Boden. So dass der okkulte Blick im Frühling, wenn die Erde sich mit Grün überdeckt, etwas fühlt wie aus dem Weltall herniedersteigende Naturkräfte, die herausholen das, was in dem Erdenboden ist, damit das Erdeninnere ansichtig werden kann des Himmels, der äußeren

Umwelt. Ein immer Bewegliches ist über der Pflanze, und das ist das Charakteristische, dass der okkulte Blick sich eben eine Empfindung dafür aneignet, dass das, was da die Pflanze umwebt, dasselbe ist, was in dem verdunstenden und sich zu Regen ballenden Wasser auch vorhanden ist. Das ist die zweite Klasse von, sagen wir, Naturkräften und Naturwesenheiten.

[...]

Geradeso, wie eine Pflanze einen Keim von sich abstößt, so bringen die Wesenheiten der dritten Hierarchie, die ich Ihnen geschildert habe, andere Wesenheiten hervor. Es ist nun nur ein gewisser Unterschied zwischen dem, was die Pflanze als Keim hervorbringt, wenn wir das als Vergleich heranziehen, und zwischen diesen Wesenheiten, die sich absondern von den Wesenheiten der dritten Hierarchie. Wenn die Pflanze einen Keim hervorbringt, so ist dieser gewissermaßen gerade so viel wert wie die ganze Pflanze, denn aus ihm kann wiederum eine ganze Pflanze gleicher Art werden. Diese Wesenheiten sondern gleichfalls andere ab, die sich gleichsam abschnüren, wie sich die Keime von den Pflanzen abschnüren: sie bekommen gleichsam Nachkommen, die aber jetzt in gewisser Beziehung von niedrigerer Sorte sind als sie selbst. Sie müssen von einer niedrigeren Sorte sein, weil sie andere Aufgaben bekommen, die sie nur verrichten können, wenn sie von einer niedrigeren Art sind. Das, was wir, wie es geschildert worden ist, geistig in unserem Umkreis haben als Engel, Erzengel und Zeitgeister, das sondert von sich ab gewisse Wesenheiten, welche aus der Umgebung des Menschen hinuntersteigen in die Naturreiche, und der okkulte Blick belehrt uns darüber, dass die Wesenheiten, welche wir gestern und vorgestern kennengelernt haben als Naturgeister, solche von den Wesenheiten der dritten Hierarchie, die wir heute kennengelernt haben, abgeschnürte Wesenheiten sind. Sie sind Nachkommen, die zu anderem Dienst als zum Menschheitsdienst, nämlich zum Naturdienst bestimmt worden sind. Und zwar sind gewisse Nachkommen der Archai diejenigen Wesenheiten, welche wir kennengelernt haben als die Naturgeister der Erde. Diejenigen, welche sich abschnüren von den Erzengeln und hinuntergesendet werden in die Natur, das sind die Naturgeister des Wassers, und solche, die sich von den Engeln abschnüren, haben wir als die Naturgeister der Luft anzusehen. Die des Feuers oder der Wärme werden wir noch kennenlernen. So sehen wir, dass gewissermaßen durch eine Spaltung der Wesenheiten, welche als dritte Hierarchie unsere Verbindung mit der nächsthöheren Welt darstellen, gewisse Wesenheiten hinuntergeschickt werden in die Reiche der Elemente, in Luft, Wasser, Erde, in das Gasförmige, Flüssige und Feste, um da unten Dienste zu leisten, um innerhalb der Elemente zu arbeiten und gewissermaßen als niedrigere Abkömmlinge der Wesenheiten der dritten Hierarchie, als Naturgeister zu fungieren. Wir können also sprechen von einer Verwandtschaft der Naturgeister mit den Wesenheiten der dritten Hierarchie.

Was macht die Technik mit den Elementarwesen?

Kunst im Lichte der Mysterienweisheit, Rudolf Steiner, 1914, GA 275, S. 22

Nehmen wir zunächst ganz äußerlich das, was geschieht, wenn wir die moderne Technik ausbilden. Was da geschieht, ist ja nichts anderes zunächst, als, ich möchte sagen, ein Arbeiten in zwei Etappen. Die erste Etappe besteht darin, dass wir den Zusammenhang der Natur zerstören. Wir zerklopfen die Steinbrüche, holen aus ihnen heraus die Steine, wir malträtieren die Wälder, holen aus ihnen heraus das Holz – man könnte das noch weiter ausführen – kurz, man schafft zunächst Rohmaterialien, indem man den Naturzusammenhang zerklopft und zermürbt. Und die zweite Etappe besteht darinnen, dass das, was man so aus der Natur herausgeschlagen hat, wieder zusammengefügt wird zu einer Maschine nach den Gesetzen, die man erkannt hat als Naturgesetze. Das sind die zwei Etappen, wenn man die Sache äußerlich betrachtet. Aber wie ist die Sache innerlich betrachtet? Innerlich betrachtet ist die Sache so: Wenn wir die Natur zermürben, zunächst die mineralische, so ist dies – wir wissen es aus früheren Betrachtungen – verknüpft mit einem gewissen Wohlgefühl, welches das geistige Elementarische darinnen empfindet. Das soll uns aber hier weniger bekümmern. In dem aber, was da vorgeht, ist das wichtig, dass wir aus der Natur austreiben die die Natur zusammenhaltenden Elementargeister, welche zu dem Reiche, der Sphäre der regelrecht fortschreitenden Hierarchien gehören. In allem Naturdasein sind elementare geistige Wesen. Indem wir die Natur zermürben, pressen wir in das Reich des Geistigen hinaus die Naturgeister. Das ist in der Tat dasjenige, was mit der ersten Etappe fortwährend verknüpft ist. Wir zerschlagen, zermürben die materielle Natur und lösen dadurch heraus aus dieser Natur die Naturgeister, die wir gewissermaßen aus ihrer, ihnen von den, ich möchte sagen, Jahvegöttern angewiesenen Sphäre hinausjagen in das Reich, wo sie frei flattern können und nicht mehr gebunden sind an den ihnen angewiesenen Wohnplatz. Also die erste Etappe können wir auch nennen die Austreibung der Naturgeister. Die zweite Etappe ist diese, wo wir zusammenfügen nach den von uns erkannten Naturgesetzen das, was wir aus der Natur herausgemürbt, herausgemartert haben. Ja, wenn wir nach einem Naturgesetze, das wir erkannt haben, aus Rohmaterialien eine Maschine oder einen Zusammenhang von Maschinen bilden, dann versetzen wir wiederum gewisse geistige Wesenheiten hinein in das Gebilde, das wir also formen. Das Gebilde, das wir also formen, ist keineswegs ein geistloses. Indem wir es formen, schaffen wir das Bett für andere geistige Wesen, und diese geistigen Wesen, die wir jetzt aber in unsere maschinellen Gebilde hineinzaubern, sind die Wesenheiten, die zur ahrimanischen Hierarchie gehören. Also in der ersten Etappe treffen wir die Naturgeister an, die in fortlaufender Entwickelung sind, treiben sie heraus, und in der anderen Etappe vereinigen wir diese ahrimanischen

Geister mit dem, was wir als Mechanismen oder sonstige Werke der Technik aufbauen.

Eine Grundsteinlegung im Jahr 1909

Die Geister der Himmelsrichtungen wurden von Rudolf Steiner schon früher in einer etwas anderen Form aufgerufen und zwar 1909 bei der Einweihung des Modellbaus in Malsch

Bilder okkulter Siegel und Säulen, Rudolf Steiner, 1909, GA 284, S. 113

Zugleich mit der Urkunde wollen wir unsere Wünsche, unseren Segen herabsenken, wir alle, die wir hier versammelt sind, und uns oft und oft an diesen Augenblick erinnern und an das, was unsere Seelen und Herzen durchglüht hat. Dann werden unsere Gesinnungen fortwirken, fördernd und schützend den Bau dieses Tempels, den Bestand der Loge Malsch. Herabflehen auf diesen Stein und auf die Loge Malsch wollen wir zugleich den Segen der Meister der Weisheit und des Zusammenklanges der Empfindungen und den Segen aller hohen und höchsten Wesen, aller geistigen Hierarchien, die mit der Erdenevolution verbunden sind. Wir flehen, dass sie ihre Kraft einströmen lassen in diesen Grundstein und darin fortwirken lassen, damit alles, was über diesem Steine gedacht, gefühlt, gewollt und getan wird, im Einklang mit ihnen und von ihrem Geist durchseelt sei.

Leuchten möge auf diesen Bau
Das Licht der Geister des Ostens;
Die Geister des Westens mögen es zurückstrahlen lassen;
Die Geister des Nordens mögen es verfestigen
Und die Geister des Südens es durchwärmen,
So dass die Geister des Ostens, Westens,
Nordens und Südens den Bau durchströmen.

Texte zur zweiten Strophe

Menschenseele du lebest in dem
Herzens-Lungen-Schlage
der dich durch den Zeitenrhythmus
ins eigne Seelenwesensfühlen leitet

Die Planeten-Bewegungen und unser Herzens-Lungen-Schlag

Elfte Klassenstunde, Rudolf Steiner, 1924, GA 270, S. 228

Versenken wir uns meditativ in unsere Brust: Wir verspüren die Bewegung. Und diese Bewegung, sie ist ein Abbild von dem Gang der Wandelsterne, von der Bewegung der Wandelsterne, von der Bewegung von Mond, Sonne, Mars, Merkur, Jupiter, Venus, Saturn. Aber ein Repräsentant dieser Bewegung ist die Sonne. Sie steht uns ja auch am nächsten. Sie wandelt einmal jeden Tag um unsere Erde herum, scheinbar. Sie kann als Repräsentant dastehen. Aber geradeso wie wir die Welten-Sternen-Stätten, die Götter-Heimat-Orte in uns tragen, in uns zusammenrollen, so die Bewegungen des ganzen Planetensystems – repräsentiert durch die Sonne – in unserer Atmung, in unserer Blutzirkulation, in alledem, was in unserem Organismus Bewegung ist. Daher müssen wir uns vorstellen, dass so, wie erst die Herrlichkeit der Götter-Wohnstätten uns verkündet worden ist im Posaunenklang von allen Seiten der Welt, dass nun uns durchzieht, durch unseren Körper wie melodisches Erklingen zieht dasjenige, was uns die Bewegungen der Wandelsterne, repräsentiert durch die Sonne, zu sagen haben.

Die Sterne und die Planeten in der Seele

Neunte Klassenstunde, Rudolf Steiner, 1924, GA 270, S. 188

«Innerlich», damit ist gemeint: Wir haben den Anblick der Sterne so und so oft gehabt, wir haben ihn bewahrt in unserem Gemüte; wir sind nun nicht mehr darauf angewiesen, auf den äußeren Sternenhimmel zu schauen, um in unserem Bewusstsein regsam zu machen das gewaltige Bild des Himmelsdomes, der sternenbesetzt uns entgegenleuchtet. Wenn dieses Bild aus unserem eigenen Inneren auftaucht, wenn die Seele sich erkraftet, dieses Bild in sich selber zu erschaffen, dann wird sie erst recht in der Lage sein, durch diese erstarkten Kräfte ihr Seelisches freizubekommen vom Körperlichen.

Im Atemholen spielen die Geister der Winde mit uns, und wir spielen mit

Fünfte Klassenstunde, Rudolf Steiner, 1924, GA 270, S. 107

Da ist die Luft draußen; dieselbe Luft, die jetzt draußen ist, habe ich etwas später in mir drinnen; dann ist sie wiederum draußen, dieselbe Luft, die in mir drinnen war. Das werden wir nicht gewahr, dass wir – während wir unsere Muskeln, während wir unsere Knochen fortwährend in uns tragen, ihr Entstehen und Vergehen nur gewahr werden mit dem Embryonalleben und dem Tode –, dass wir fortwährend, indem wir ein Luftmensch sind, eigentlich dasjenige, was wir in uns tragen, nach außen entlassen, das Äußere wieder aufnehmen, so dass wir eins werden mit dem ganzen Weben und Leben und Wesen des Luftartigen, in dem wir als Erdenmenschen sind. In dem Augenblicke, wo wir eintreten in das geistige Gebiet, bleibt das nicht mehr so. In diesem Augenblicke fühlen wir, wie wir mit jeder Ausatmung, mit jedem Ausatmungszug gewissermaßen mitgehen, wie wir auf den Flügeln der ausgeatmeten Luft hinausdringen in die Weiten des Daseins, in die sich die ausgeatmete Luft zerstreut, wie wir die geistigen Wesen, die Geister, die im Luftkreislauf leben, mit der Einatmung in uns hineinnehmen. Geistige Welt fließt in uns mit der Einatmung; unser eigenes Wesen fließt in die Umwelt mit der Ausatmung.

Archangeloi und Angeloi im fünften nachatlantischen Zeitalter

Die spirituellen Hintergründe des Ersten Weltkriegs,
Rudolf Steiner, 1917, GA 177, S. 249

Alles Materielle ist ein Abbild des Geistigen. Wenn wir suchen, auf welchem Umwege die Archangeloi mit den Angeloi zusammen während der vierten nachatlantischen Zeit die Menschen lenkten, können wir sagen: Dies geschah durch das menschliche Blut. Und auf dem Umwege durch das menschliche Blut wurde ja auch die soziale Struktur hervorgerufen, die sich der Blutsverwandtschaft, den Blutsbanden anschloss. Gewissermaßen war die Wohnung der Archangeloi sowohl wie die der Angeloi im Blute. Ja, das Blut ist nicht bloß dasjenige, was der Chemiker analysiert, sondern das Blut ist zugleich der Wohnort übersinnlicher Wesenheiten. Wenn wir also von dieser vierten nachatlantischen Zeit sprechen, so ist das Blut der Wohnort von Archangeloi und Angeloi. Das wird eben anders in der fünften nachatlantischen Zeit, da wird es so, dass sich die Angeloi mehr des Blutes bemächtigen – ich rede jetzt von den Angeloi des Lichtes, von den normalen – und die Archangeloi mehr im Nervensystem wirken. Ich könnte auch mit alter Terminologie ebensogut sagen: In der fünften nachatlantischen Zeit wirken die Archangeloi mehr im Gehirn, die Angeloi mehr im Herzen. Physiologisch, im Sinne der jetzigen Wissenschaft gesprochen, würde man sagen müssen: Die Angeloi wirken mehr im Blute, die Archangeloi mehr im Nervensystem.

Übe Geist-Besinnen
im Seelengleichgewichte
wo die wogenden
Welten-Werde-Taten
das eigne Ich
dem Welten-Ich
vereinen
und du wirst wahrhaft fühlen
im Menschen-Seelen-Wirken

Seelengleichgewicht als Mission der Erde

Die Mission einzelner Volksseelen, Rudolf Steiner, 1910, GA 121, S. 107

Welche Mission haben nun die Geister der Form, was ist also die eigentliche Erdenmission? Wenn Sie an die Saturnmission die Einprägung des Willens anknüpfen, an die Sonnenmission vorzugsweise die Einprägung des Gefühlselementes, an die Mondmission vorzugsweise die Einprägung des Gedankenelementes – also dasjenige, was im menschlichen Astralleibe ist –, so hat man an den Erdenplaneten die Mission zu knüpfen, ein vollständiges Gleichgewicht dieser drei Elemente zu bewirken, das Gleichgewicht dieser drei Elemente herzustellen, von denen jedes während eines der früheren Zustände unseres Planeten die Oberhand hatte, so dass im Gleichgewichtszustande zusammenwirken diese drei Elemente, von denen jedes die Hegemonie hatte in einer der früheren Verkörperungen der Erde. Das ist die Mission unserer Erde. Zum Stillstand zu bringen den Kampf dieser Elemente dadurch, dass sie in das richtige Gleichgewichtsverhältnis gebracht werden: Das ist die Erdenmission. Der Mensch ist hineinverwoben in diese Erdenmission, um dieses Gleichgewicht zuerst in seinem eigenen Innern aus Denken, Fühlen und Wollen aufzubauen. Der Mensch war in dieser Beziehung in der Tat bei der Entstehung der Erde ein regelloses Gewebe von Denken, Fühlen und Wollen. Wie noch bei dem gegenwärtigen Menschen das innere Gleichgewicht nicht vollständig ist, sondern vielfach in Disharmonie, in Unordnung ist, das kann jeder an sich fühlen, der auch nur ein bisschen Selbsterkenntnis hat. Der Mensch ist zunächst berufen, in seinem Inneren das Gleichgewicht zwischen Denken, Fühlen und Wollen herzustellen, wodurch er von sich ausstrahlen und übertragen kann auf die Erde das, was dieses Gleichgewicht von Denken, Fühlen und Wollen bedeutet.

Über die Welten-Werde-Taten

Zehnte Klassenstunde, Rudolf Steiner, 1924, GA 270, S. 208

[…] der Tierkreis spricht eine bedeutungsvolle Sprache, wenn man ihn nicht von der Erde aus ansieht – Widder, Stier, Zwillinge, Krebs, Löwe –, sondern wenn man ihn von außen umkreist. Und es ist eine Tat unseres Bewusstseins, ihn von außen zu umkreisen. Da fangen wir an, die Weltengeheimnisse zu lesen. Und was wir lesen, das sind die Taten der geistigen Wesenheiten. […] Wenn wir von der anderen Seite aus den Tierkreis ansehen und lesen dasjenige, was wir von der Erde aus gewissermaßen von hinten ansehen, wie es Moses bedeutet wird, dass er Gott nur immer von hinten anzusehen hat von der Erde aus – die Initiation besteht eben darinnen, dass von der anderen Seite angesehen wird –, da wird es nicht bloß ein Anstarren, da wird es ein Lesen. Und dasjenige, was man liest, sind die geistigen Taten der geistigen Wesenheiten, die das alles zustande gebracht haben.

Sterne, Seele und Welt

Zehnte Klassenstunde, Rudolf Steiner, 1924, GA 270, S. 205

Man wende den Blick hinauf zu dem sternenbesäten Himmel. Man schaue die Wandelsterne, man schaue die Fixsterne, man durchdringe sich mit der unendlichen Erhabenheit desjenigen, was einem da aus dem Weltenall entgegenglänzt, und man sage sich: Als Mensch hängt man ebenso zusammen mit dem, was da aus den Weltenweiten herunterglänzt, wie man zusammenhängt als Mensch mit dem, was einen in der physischen Umgebung umgibt.

Die Liebe zu den Bewegungen der Planeten, den wandernden Sternen

Neunte Klassenstunde, Rudolf Steiner, 1924, GA 270, S. 197

Indem wir fühlen unsere Seele in Liebe zu den Bewegungen der Wandelsterne, das heißt zu den Geistwesen, welche darinnen leben, es ist so, dass wir da die kreisenden Gewalten des Weltenraumes erleben als Fühlen. Und wenn wir sagen können: Sonne bewegt sich im Gefühl des Weltenraumes, Merkur bewegt sich im Gefühl des Weltenraumes, Mars bewegt sich im Gefühl des Weltenraumes, dann haben wir das Fühlen in seinem Weltendasein getrennt vom Denken ergriffen und getrennt vom Wollen.

Exusiai, Dynamis, Kyriotetes, zusammenwebend in unserem Ätherleib

Die menschliche Seele, Rudolf Steiner, 1923, GA 224, S. 41

Jetzt erst haben Sie aus dem Worte Ätherleib herausgeholt dasjenige, was wesenhafter Ätherleib des Menschen eigentlich ist. Er ist ein Zusammenwirken, Zusammenfluten, Zusammenweben der Exusiai, Dynamis, Kyriotetes, die ihre strömende, flutende, tönende, sprechende Wirksamkeit individualisieren und den menschlichen Ätherleib bilden. Aber indem wir dasjenige anschauen, was da individualisierend Kyriotetes, Dynamis, Exusiai so bilden, dass es, hineinleuchtend in seiner Individualisierung in den menschlichen physischen Leib, hineinwärmend, hineintönend, hineinsprechend den menschlichen Ätherleib bildet, dann sind wir auch schon beim astralischen Leib des Menschen angelangt. Denn in diesem Sich-regend-Betätigen, in diesem individualisierenden, aus dem Kosmos strömenden, aber im Menschen sich individualisierenden Betätigen der zweiten Hierarchie ist dasjenige enthalten, was menschlicher astralischer Leib ist. Im Ätherleibe zeigt sich diese Tätigkeit, im astralischen Leibe ist sie.

Denn es waltet der Christus-Wille
im Umkreis
in den Weltenrhythmen
Seelen-begnadend

Ströme geistiger Wesen aus drei Sphären in unserem Schlaf

Strömung von geistigen Wesen vom Osten und vom Westen. *Die Sonne bewegt sich in Bezug auf die Erde von Ost nach West, jedoch in Bezug auf die Sterne von West nach Ost.*

Mysteriengestaltungen, Rudolf Steiner, 1923, GA 232, S. 49, 52

[Im Schlafe] erscheint uns das Einleben in die Natur so: […] Je weiter wir [aus der Haut unseres Körpers] hinausgehen, kommen wir immer mehr von Angeloi- in Archangeloi-, in Archai-Regionen hinein in der radialen Richtung. Da kommen wir hinein in die dritte Hierarchie. Und wenn wir da hinein schlafend mit unseren Erinnerungen und unseren Gesten untertauchen wie in das flutende Meer der webenden Wesenheiten der Angeloi, Archangeloi und Archai, wenn wir da untertauchen, dann kommt von der einen Seite eine Strömung von geistigen Wesenheiten (siehe Zeichnung).

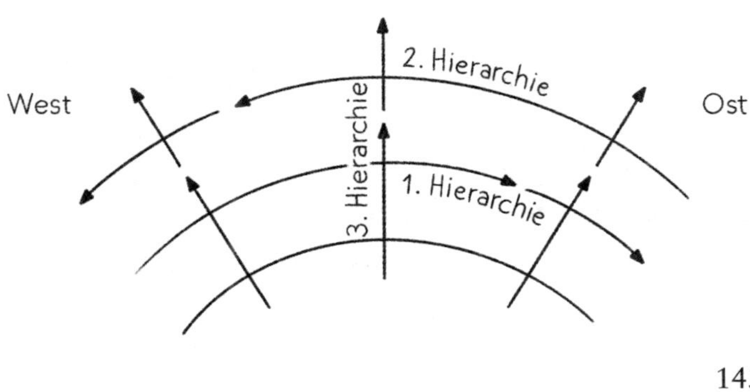

Das ist die zweite Hierarchie: Exusiai, Kyriotetes, Dynamis. Und wenn wir anklingen lassen wollen an dasjenige, was äußerlich in der Welt ist, das, was wir eben dargestellt haben, dann geht diese Strömung so, dass uns der Lauf der Sonne von Ost nach West während des Tages ausdrückt den Weg, in dem die zweite Hierarchie durchkreuzt die dritte Hierarchie. Die dritte Hierarchie: Angeloi, Archangeloi, Archai ist wie auf- und abschwebend und sich «die goldenen Eimer» reichend – auf- und abschwebend. *(Goethe, Faust I).*

In dieser Darstellung ist dann die zweite Hierarchie wie mit der Sonne von Osten nach Westen gehend, – jetzt ist es nicht scheinbar, denn da gilt nicht die kopernikanische Weltanschauung, sondern es ist tatsächlich von Ost nach West gehend die Strömung, welche die Sonne durchläuft während des Tages. So dass der Mensch, indem er schaut – das heißt, wenn er schauen kann – hineinwächst während des Schlafes in diese dritte Hierarchie. Aber diese dritte Hierarchie ist fortwährend gnadenvoll durchströmt von der Seite her von der zweiten Hierarchie. Und diese zweite Hierarchie macht sich auch in unserem Seelenleben durchaus geltend.

[...]

Nun ist der Tag durch das ganze Jahr hindurch variabel. Im Frühling wird er lang, im Herbst wird er kurz, im Sommer ist er am längsten, im Winter am kürzesten. Der Tag wird metamorphosiert während des Jahres. Das rührt von einer der Ostwest-Strömung entgegenkommenden Strömung her, die von West nach Ost geht. Und das ist die Strömung der ersten Hierarchie, der Seraphime, der

Cherubime und Throne. Verfolgen Sie daher, wie sich der Tag ändert im Lauf des Jahres, gehen Sie vom Tag zum Jahr über, dann, meine lieben Freunde, dann kommen Sie hinüber in dasjenige, was Ihnen während des Schlafes begegnet als die entgegengesetzte Strömung.

Kyriotetes, Dynamis, Exusiai
lasset vom Osten befeuern
was durch den Westen
sich gestaltet
und es spricht
in Christo morimur

Christus herrscht mit Hilfe der zweiten Hierarchie

***Christus herrscht mit Hilfe der zweiten Hierarchie** in allen Rhythmen, der Sonne, des Mondes und der anderen Planeten, einschließlich allen anderen Bewegungen auf der Erde, wie Tag und Nacht, den Jahreszeiten, Ebbe und Flut, den Stürmen, den Bewegungen von Mensch und Tier, unserem Herzens-Lungen-Schlag und in den Regungen unserer Seele, herrscht der Christus.*

Esoterische Betrachtungen karmischer Zusammenhänge, Rudolf Steiner, 1924, GA 236, S. 245, 250

Wenn der Mensch in der Weihnachtsnacht sich vorstellt, wie er auf Erden steht mit seinem physischen, mit seinem ätherischen, mit seinem astralischen Leib, verwandt ist mit dem dreigliedrigen Kosmos, der ihm in seinem Ätherischen in der Bläue des Himmels so majestätisch, aber auch so zauberisch-magisch in der Nacht erscheint, wie er gegenübersteht dem Astralischen des Weltenalls in den hereinglänzenden Sternen: dann empfindet er in dieser Heiligkeit des Umkreises im Zusammenhange mit dem, was im Irdischen ist, wie er in die Räumlichkeit hereinversetzt ist mit seinem eigentlichen Ich-Wesen. Und dann darf er anschauen das Weihnachtsmysterium, das geborene Kind, den Menschheitsrepräsentanten auf der Erde, der, insofern er seine Kindheit antritt, in diese Räumlichkeit hereingeboren wird. Und er sagt, wenn er den Weihnachtsgedanken in seiner Fülle und in dieser seiner Majestät im Anblicke des zu Weihnachten geborenen Kindes erblickt: *Ex deo nascimur.* – Aus dem Göttlichen bin ich geboren – dem Göttlichen, das den Raum durchwellt und durchwebt. Aber dann, wenn der Mensch dieses empfunden hat, sich innerlich durchdrungen hat damit, dann kann er sich erinnern an dasjenige, was ihm als Wahrheit über den Sinn der Erde durch Anthroposophie aufgegangen ist. Dieses Kind, zu dem wir hinblicken, ist ja die äußere Umhüllung desjenigen, was eben hineingeboren wird in den Raum. Und woraus wird es geboren, um hineingeboren zu werden in den Raum? Das kann nach unseren heutigen Ausführungen nur die Zeit sein. Aus der Zeit heraus wird es geboren.

Und wenn wir dann das Leben dieses Kindes verfolgen, seine Durchgeistigung mit der Christus-Wesenheit, dann kommen wir darauf: von der Sonne kommt dieses Wesen, dieses Christus-Wesen. Und wir blicken jetzt zur Sonne hinauf und sagen uns: Indem wir zur Sonne hinaufblicken, müssen wir an dem Sonnenschein die für das Räumliche verborgene Zeit erblicken. Im Inneren der Sonne ist die Zeit. Und aus dieser im Inneren der Sonne webenden Zeit heraus ist der Christus in den Raum hineingekommen auf die Erde. Und was haben wir nun in dem Christus auf der Erde? Wir haben in dem Christus auf der Erde dasjenige, was sich von außerhalb des Raumes mit der Erde verbindet, was von außerhalb kommt.

Nun denken Sie einmal, wie sich uns die Vorstellung des Weltenalls gegenüber der gewöhnlichen Vorstellung verwandelt, wenn wir all das wirklich nehmen, was wir jetzt vor unsere Seele haben hintreten lassen! Da haben wir im Weltenall die Sonne mit alldem, was uns zunächst im Verein mit der Sonne im Universum, im Kosmos erscheint, dasjenige, was eingeschlossen ist innerhalb der Bläue des Himmels, die Sternenwelt. Da haben wir auch irgendwo die Erde mit der Menschheit. Aber indem wir von der Erde zur Sonne hinaufschauen, blicken wir zugleich in den Fluss der Zeit hinein.

Daraus folgt jetzt etwas sehr Bedeutsames. Es folgt das, dass der Mensch zur Sonne nur dann richtig blickt, wenn er, indem er auch meinetwillen nur im Geistigen zur Sonne aufblickt, den Raum vergisst und nur auf die Zeit Rücksicht nimmt. Die Sonne strahlt damit nicht nur das Licht aus, sondern den Raum selber. Und wenn wir in die Sonne schauen, schauen wir aus dem Raume heraus. Deshalb ist die Sonne dieser ausgezeichnete Stern, weil man durch sie aus dem Raum herausschaut. Aber aus diesem Außerhalb-des-Raumes ist der Christus zu den Menschen gekommen. Der Mensch war, als das Christentum auf Erden durch den Christus begründet wurde, allzulange schon in dem bloßen *Ex Deo nascimur*. Er war ihm verwandt geworden. Er hatte die Zeit völlig verloren. Er war zu einem völligen Raumwesen geworden.

Wir verstehen so schwer mit dem heutigen zivilisatorischen Bewusstsein die alten Überlieferungen, weil diese eigentlich überall mit dem Raum rechnen und nicht mit dem Zeitlichen, mit dem Zeitlichen nur wie mit einem Anhängsel des Räumlichen.

Da kam der Christus und brachte den Menschen wiederum das Zeitliche. Und indem sich das Menschenherz, die Menschenseele, der Menschengeist mit dem Christus verbinden, gewinnen sie wiederum den Strom der Zeit von Ewigkeit zu Ewigkeit. Was können wir Menschen anderes tun als, wenn wir sterben, also aus der Raumeswelt hinausgehen, uns anklammern an dasjenige, was uns dann wieder die Zeit gibt, da die Menschheit zur Zeit des Mysteriums von Golgatha so stark Raumeswesen geworden ist, dass ihr die Zeit abhanden gekommen war! Der Christus hat den Menschen wiederum die Zeit gebracht.

Und wollen die Menschen beim Hinausgehen aus dem Raum nicht auch mit ihrer Seele ersterben, dann müssen sie in dem Christus sterben. Wir können immerhin Raumesmenschen sein, dann können wir sagen: *Ex Deo nascimur*. Dann können wir zu dem Kinde hinblicken, das aus der Zeit heraus in den Raum dringt, um mit den Menschen den Christus zu vereinigen.

Aber wir können nicht an die Grenze des irdischen Lebens, an das Sterben denken seit dem Mysterium von Golgatha, wenn wir nicht den Verlust der Zeit mit dem Verlust des Christus büßen wollen, wenn wir nicht hereingebannt werden wollen in den Raum und als Gespenst im Raume bleiben wollen. Da müssen wir in dem Christus sterben. Da müssen wir uns durchdringen mit dem Mysterium von Golgatha. Da müssen wir zu dem *Ex Deo nascimur* das *In Christo morimur* dazufinden. Da müssen wir zu dem Weihnachtsgedanken den Ostergedanken hinzubringen.

Und so lässt das *Ex Deo nascimur* den Weihnachtsgedanken vor unsere Seele treten, so lässt das *In Christo morimur* den Ostergedanken vor unsere Seele treten.

Wir können sagen: Auf der Erde hat der Mensch sein Physisches, sein Ätherisches, sein Astralisches. Das Ätherische ist auch draußen im Kosmos; das Astralische ist auch draußen in dem Kosmos; das Physische ist allein auf der Erde, es gibt draußen im Kosmos kein Physisches. So müssen wir sagen: Erde: Physisches, Ätherisches, Astralisches; Kosmos: das Physische ist nicht da, aber das Ätherische und das Astralische.

Dreigegliedert ist aber auch der Kosmos. Was er unten nicht hat, das setzt er oben an. Bei ihm ist das Ätherische das Unterste; auf der Erde ist das Physische das Unterste.

[...]

Man stelle sich also vor, der Mensch kapsele sich ganz ein mit seiner Seelenverfassung in dem Erdenwesen: er kann das Göttliche empfinden, denn aus dem Göttlichen heraus ist er geboren. *Ex Deo nascimur*. Stellen wir uns vor, er kapsele sich nicht bloß innerhalb der Raumeswelt ein, sondern er nehme an den Christus, der aus der Zeitenwelt in die Raumeswelt hereingekommen ist und die Zeit selber in den Raum der Erde gebracht hat. Damit überwindet er im Tode den Tod. *Ex Deo nascimur. In Christo morimur*. Aber der Christus bringt die Botschaft: Dann, wenn der Raum überwunden ist und man die Sonne als den Schöpfer des Raumes kennenlernt, in der Sonne sich fühlt durch den Christus, in die lebendige Sonne sich hineinversetzt fühlt, dann verschwindet das Physisch-Irdische; das Ätherische, das Astralische ist da. Das Ätherische lebt auf, jetzt nicht als Himmelsbläue, sondern als hellrötliche Erglänzung des Kosmos. Und aus diesem Hellrötlichen glänzen nicht die Sterne herunter, sondern die

Sterne berühren uns mit ihren Liebewirkungen. Und der Mensch kann sich fühlen – wenn er sich in all das wirklich hineinversetzt – stehend auf der Erde, das Physische abgestreift, das Ätherische da, ihn durchstrahlend und ausstrahlend als das Lilarötliche; die Sterne nicht glänzende Punkte, sondern Liebesstrahlungen wie das menschliche Liebestreicheln. Aber indem man dieses empfindet, das Göttliche in sich, das göttliche Weltenfeuer als das Wesen des Menschen aus ihm herausflammend, sich fühlend im ätherischen Weltenall, erlebend die Geistesäußerungen im astralischen Welten-Erstrahlen: dann bringt das hervor in dem Menschen das innere Erleben des Geist-Erstrahlenden, zu dem der Mensch berufen ist im Weltenall. Als diejenigen, denen Christus das verkündet hatte, genügend lange sich durchdrungen hatten von diesem Gedanken, da empfanden sie die Wirkung dieses Gedankens in den feurigen Zungen des Pfingstfestes. Da empfanden sie das Sterben durch das Abfallen und Abtropfen des Physischen der Erde. Da empfanden sie aber: das ist nicht der Tod, sondern für das Physische der Erde geht die Geistselbstigkeit des Universums auf: *Per Spiritum Sanctum reviviscimus.*

Der Vater ist wahrnehmbar in der Schöpfung, der Sohn in der Seele, der Geist ist innerlich wahrnehmbar

Bausteine zu einer Erkenntnis des Mysteriums von Golgatha, Rudolf Steiner, 1917, GA 175, S. 223

Geist, Seele, Leib. Hier liegt etwas vor, was man genau einsehen muss. Denn man kommt zur allgemeinen Gottes-Idee immer, wenn man nur den Weg der äußeren Betrachtung zu Ende geht, indem man das Leibliche betrachtet. Indem man das Leibliche betrachtet, kommt man zur allgemeinen Gottes-Idee, zu jener Idee, welche diese Mystik, die ich heute im Beginne genannt habe, und diese Philosophie allein findet.

Will man aber die Seele betrachten, dann braucht man den Weg zu derjenigen Wesenheit, die man den Christus nennt, den man nicht in der Natur finden kann, obwohl er Beziehungen zur Natur hat; den man in der Geschichte als ein geschichtliches Wesen finden muss.

Die Selbstbetrachtung bezieht sich dann auf den Geist und auf die wiederholten Erdenleben des Geistes.

Betrachtung des Kosmos und der Natur führt zu dem göttlichen Wesen im allgemeinen, das zugrunde liegt unserem Geborenwerden: *Ex deo nascimur.*

Die Betrachtung der wirklichen Geschichte führt zu der Erkenntnis des Christus Jesus, wenn wir nur weit genug gehen; zu der Erkenntnis, die wir brauchen, wenn wir wissen wollen über das Schicksal der Seele: *In Christo morimur.*

Innenanschauung, geistiges Erleben, führt zu der Erkenntnis des Wesens des Geistes in wiederholten Erdenleben und führt, wenn sie in Verbindung gebracht wird mit dem, worinnen sie lebt, mit dem Spirituellen, zu der Betrachtung des Heiligen Geistes: *Per Spiritum Sanctum reviviscimus.*

Zwei Weltanschauungen, zwei Gefahren des Rosenkreuzes

Das Geheimnis des Todes, Rudolf Steiner, 1915, GA 159, S. 261

Das ist eine Gefahr, die Rosen vom Kreuze zu reißen und bloß das schwarze, verkohlte Kreuz zu haben. Die andere Gefahr ist die, das Kreuz von den Rosen zu reißen und bloß nach dem Geiste streben wollen, verachten das, was die Gottheit selbst in die Weltenentwickelung hineingestellt hat, nicht liebevoll untertauchen wollen in den Gedanken, dass das, was hier in der Sinnenwelt ist, ein Ausdruck des Göttlichen ist. Das ist die einseitig religiöse Weltanschauung, welche die Wissenschaft verachtet, die bloß die Rosen will und die unbewußt nach dem luziferischen Element des Ostens hinstrebt – wie die Wissenschaft, die die Rosen vom Kreuze reißen will und bloß das verkohlte Kreuz behalten will, nach dem Westen hinstrebt. Wir aber in Mitteleuropa, wir sind dazu berufen, die Rosen am Kreuze zu haben, das zu haben, was nur durch den Zusammenhang der Rosen mit dem Kreuze ausgedrückt wird, der Rosen am Kreuze.

Wir empfinden, indem wir zum starren Kreuze hinschauen, dass dasjenige, was als starres Materielles in die Welt gekommen ist, aus dem Göttlichen in die Welt getreten ist. Es ist, wie wenn die Geistigkeit selbst sich einen Kreis geschaffen hat im Materiellen: *Ex Deo nascimur.*

Wir fühlen auch, dass, wenn wir es richtig verstehen, wir nicht nur mit Luzifer in die geistige Welt hineingehen dürfen, sondern dass wir sterben, indem wir uns verbinden mit dem, was vom göttlichen höheren Selbst in die Welt hinuntergestiegen ist: *In Christo morimur.*

Und in der Zusammenfassung des Kreuzes mit den Rosen, der materiellen Weltanschauung mit der spirituellen Weltanschauung, fühlen wir, wie die Menschenseele im Geiste erwachen kann: *Per Spiritum Sanctum reviviscimus.*

Das hören die Elementargeister
im Osten, Westen, Norden, Süden
Menschen mögen es hören

Eine Charakter-Skizze der Elementarwesen

***Eine Charakter-Skizze der Elementarwesen** aus einem Vortrag, der sieben Wochen vor der Grundsteinlegung in Dornach gehalten wurde*

Der Mensch als Zusammenklang, Rudolf Steiner, 1923, GA 230, S. 142

Wie man ja die Wesen der Sinnenwelt nur kennenlernt, wenn man sie beobachtet in ihrem Leben und Treiben, so ist das auch bei denjenigen Wesen der Fall, von denen ich in diesen Vorträgen jetzt zu Ihnen gesprochen habe und spreche, bei den Naturelementarwesenheiten, die unsichtbar, übersinnlich hinter dem Sinnlich-Physischen sich befinden und an dem ganzen Geschehen in der Welt ebenso beteiligt sind, oder eigentlich in einem höheren Sinne beteiligt sind als die sinnlich-physischen Wesen. Nun können Sie sich ja denken, dass die Welt für diese Wesenheiten etwas anders aussehen wird als für die Wesenheiten der sinnlichen Welt, denn Sie haben ja gesehen: einen physischen Leib, so wie die Wesen der Sinneswelt, haben diese Wesenheiten nicht. Alles, was sie in der Welt auffassen, in der Welt wahrnehmen, muss anders sein als dasjenige, was etwa in Menschenaugen dringt. Und so ist es auch. Der Mensch empfindet zum Beispiel die Erde als den Weltenkörper, auf dem er herumgeht. Er empfindet es schon als eine kleine Unannehmlichkeit, wenn dieser Weltenkörper, wie es zuweilen der Fall ist, durch allerlei Vorgänge der Atmosphäre aufgeweicht wird und der Mensch nur ein ganz klein wenig hineinsinkt. Er möchte diesen Erdboden als hart empfinden, als etwas, in das er nicht hineinsinkt. Diese ganze Empfindungsart, diese ganze Stellung zur Erde, die ist zum Beispiel bei den Gnomen ganz und gar nicht vorhanden; die sinken überall, denn für sie ist der ganze Erdenkörper zunächst wie ein durch- gänglicher Hohlraum. Sie können überall hinein; für sie sind nicht Gesteine, für sie sind nicht Metalle irgend etwas, das sie hindert, mit ihrer Wesenheit, ja, soll ich sagen, herumzugehen, soll ich sagen, herumzuschwimmen? Es gibt in unserer Sprache nicht Worte, die das Wandeln dieser Gnomen innerhalb des Erdenkörpers ausdrücken. Nur dass sie eine innerliche Empfindung, ein innerliches Erlebnis haben von den verschiedenen Ingredienzien der Erde; sie fühlen anders, wenn sie einer Metallader entlangwandern, als wenn sie einer Kalkschichte entlang ihren Weg nehmen. Das alles aber fühlen die Gnomen auf innerliche Art; sie dringen durch alles das durch. Sie haben eigentlich gar nicht einmal die Vorstellung davon, dass es die Erde gibt; sie haben die Vorstellung, dass es einen Raum gibt, in dem sie verschiedene Empfindungen erleben: Goldempfindungen, Merkurempfindungen, Zinnempfindungen, Kieselempfindungen und so weiter. Das ist in der Menschensprache gesprochen, nicht in der Sprache der Gnomen. Die ist viel anschaulicher; und sie bekommen gerade dadurch, dass sie eigentlich ihr Leben lang alle Adern, alle Schichten ablaufen, immer wieder und wiederum ablaufen, diese ausgeprägte Intellektualität, von der ich Ihnen gesprochen habe. Sie bekommen dadurch ihr umfassendes

Wissen, denn ihnen enthüllt sich im Metall und in der Erde alles das, was draußen im Weltenall ist; wie in einem Spiegel empfinden sie alles das, was draußen im Weltenall ist. Aber für die Erde selbst haben die Gnomen gar keine Anschauung, eben nur für ihre verschiedenen Ingredienzien, verschiedenen Arten des inneren Erlebens. Dafür sind aber diese Gnomen ganz besonders begabt für die Eindrücke, die vom Monde herkommen. Der Mond ist ihnen dasjenige, worauf sie fortwährend aufmerksam lauschen. In dieser Beziehung sind sie – die geborenen, kann ich nicht sagen, es ist eben so schwer, die Worte dafür zu finden – sozusagen die gewordenen Neurastheniker. Nicht wahr, was bei uns eine Krankheit ist, das ist für diese Gnomenwesen eigentlich ihr Lebenselement. Das ist bei ihnen keine Krankheit, das ist bei ihnen eine Selbstverständlichkeit. Das gibt ihnen jene innere Empfänglichkeit für alles das, wovon ich Ihnen gesprochen habe. Es gibt ihnen aber auch die innerliche Empfänglichkeit für die Umwandlungen der Mondenerscheinungen. Diese Umwandlung der Mondenerscheinungen verfolgen sie mit einer solchen Aufmerksamkeit, dass dieses innerliche Aufmerken – ich habe Ihnen ja ihre Aufmerksamkeitskraft geschildert – selbst ihre Gestalt verändert. So dass man in der Tat, wenn man das Gnomendasein verfolgt, einen ganz anderen Eindruck hat bei Vollmond und einen ganz anderen Eindruck hat bei Neumond und wiederum bei den dazwischenliegenden Mondesphasen. Bei Vollmond, da wird es den Gnomen unbehaglich. Das physische Mondenlicht passt ihnen nicht, und da drängen sie nach außen ihr ganzes Seinsgefühl. Sie umspannen sich gewissermaßen mit einer geistigen Haut, sie drängen ihr Seinsgefühl an den Umfang ihres Leibes, wenn Vollmond ist. Und sie erscheinen einem dann, wenn man für solche Dinge imaginatives Anschauen hat, ich möchte sagen wie strahlende, gepanzerte kleine Ritter bei Vollmondschein. Da tragen sie etwas wie einen geistigen Panzer um sich, und das ist dasjenige, was in ihrer Haut nach außen drängt, um abzuwehren das Mondenlicht, das ihnen unangenehm ist. Nähert sich aber der Mond dem Neumond, dann wird der Gnom geradezu durchsichtig, wunderbar; man sieht in ihm strahlende, glitzernde Farbenspiele. Man sieht, wie eine ganze Welt in ihm vorgeht. Es ist so, wie wenn man, ich möchte sagen, in das menschliche Gehirn hineinschauen würde, aber nicht nur wie ein Anatom, der da Zellengewebe sucht, sondern wie einer, der da die Gedanken drinnen schillern und glitzern sieht: so erscheinen einem wie durchsichtige Männlein diese Gnomen, in denen drinnen das Gedankenspiel erscheint. Gerade bei Neumond sind diese Gnomen außerordentlich interessant, weil sie jeder eine ganze Welt in sich tragen, und man kann sagen: In dieser Welt drinnen ruht eigentlich das Mondengeheimnis. Enthüllt man es, dieses Mondengeheimnis, dann kommt man auf sehr merkwürdige Ergebnisse; dann kommt man darauf, sich zu sagen, dass der Mond gegenwärtig in einer fortwährenden Annäherung ist – natürlich müssen Sie sich das nicht grobklotzig vorstellen, als ob er da der Erde zulaufen würde – aber er kommt eigentlich jedes Jahr etwas näher. Und eigentlich ist der Mond jedes Jahr der Erde etwas näher. Das erkennt man an dem immer lebendiger werdenden Spiel der Mondenkräfte während des Neumondes in der Gnomenwelt. Und auf dieses Näherkommen sind auch diese Wichtelmänner ganz besonders aufmerksam; denn aus dem, was an ihnen der Mond tut, Ergebnisse zu ziehen, darin sehen sie eigentlich ihre Hauptmission im Weltenall. Sie warten mit einer großen Spannung den Zeitpunkt ab, wo sich der Mond wiederum mit der Erde vereinigen wird, und sie sammeln alle ihre Kräfte, um für diesen Zeitpunkt, wenn sich der Mond mit der Erde vereinigt hat, gerüstet zu sein, denn dann werden sie die Mondensubstanz dazu benützen, um die Erde allmählich im Weltenall ihrer ganzen Substanz nach zu zerstreuen. Die Substanz muss fort. Aber indem sie sich diese Aufgabe stellen, fühlen sich diese Kobolde, Gnomen ganz besonders wichtig, denn sie sammeln ja die verschiedensten Erfahrungen im ganzen Erdendasein, und sie bereiten sich vor, wenn nun die ganze Erdensubstanz im Weltenall zerstreut wird, nach dem Jupiter sich hinüberentwickelt, dann in der Struktur der Erde zu bewahren, was in dieser Struktur das Gute ist, und das dann wie eine Art Knochengerüste dem Jupiter einzuverleiben. Sehen Sie, wenn man diesen Vorgang den Gnomen abschaut, dann bekommt man erst eine Anregung dazu, nun einmal sich vorzustellen – und man kann das dann – wie unsere Erde ausschauen würde, wenn man von ihr alles Wasser wegnehmen würde. Denken Sie nur einmal, wie auf der westlichen Halbkugel alles von Norden nach Süden, auf der östlichen Halbkugel alles von Osten nach Westen orientiert ist. Wie also, wenn Sie das Wasser wegtun würden, Sie Amerika mit seinen Gebirgen und mit dem, was unter dem Meere ist, bekommen würden als etwas, was von

Norden nach Süden verläuft; und schauen Sie nach Europa hin, so würden Sie entsprechend dem Zug der Alpen, Karpaten und so weiter dasjenige bekommen, was in der östlichen Halbkugel in dieser Richtung ist. Sie würden etwas bekommen wie die Struktur des Kreuzes in der Erde. Und durchdringt man dieses, dann bekommt man davon den Eindruck, dass das eigentlich die vereinigte Gnomenwelt des alten Mondes ist. So dass diejenigen, die die Vorfahren unserer Erdengnomen sind, die Mondengnomen, die Mondenerfahrungen gesammelt haben und diese Struktur, diese feste Struktur des festen Erdgewebes, des festen Erdgebildes aus ihrer Erfahrung heraus gebildet haben, so dass wir eigentlich unsere feste Erdengestalt haben aus den Erfahrungen der alten Mondengnomen. Das sind die Dinge, die sich da ergeben in Bezug auf die Gnomenwelt. Dadurch bekommen die Gnomen eine interessante, außerordentlich interessante Beziehung zu der ganzen Evolution des Weltenalls. Sie tragen gewissermaßen immer das Feste aus dem Früheren in das Feste des Späteren hinüber. Sie sind die Bewahrer der Kontinuität der festen Struktur in der Entwickelung. So von einem Weltenkörper zu dem anderen bewahren sie die feste Struktur. Es gehört zu dem Interessantesten, an diese geistigen Wesenheiten einer übersinnlichen Welt heranzutreten und ihre besondere Aufgabe zu studieren; denn dadurch bekommt man erst den Eindruck, wie alles, was an Wesen in der Welt vorhanden ist, mitarbeitet an der ganzen Gestaltung der Welt.[20]

Texte zur dritten Strophe

Menschenseele
du lebest im ruhenden Haupte
das dir aus Ewigkeitsgründen
die Weltgedanken erschließet

Das menschliche Haupt und die göttlichen Hierarchien

Die Verbindung zwischen Lebenden und Toten, Rudolf Steiner, 1916, GA 168, S. 84

Das menschliche Haupt ist in seinem Bau ein so erhabenes Abbild des Universums, dass der Mensch selbst mit dem, was ihm einverwoben wird als Weisheit eines Lebens, es nicht bauen könnte, dass er es nicht vorbereiten könnte für die nächste Inkarnation; da müssen eben mitwirken alle Götterhierarchien. Das, was in Ihrem Haupte, in dieser nur von dem Hinterhaupt lose durchbrochenen Kugel, etwas umgeformten Kugel, vorhanden ist, das ist für sich noch ein wirklicher Mikrokosmos, ein wirklicher Abdruck der großen Weltenkugel. Darinnen lebt alles, was draußen im Universum lebt, zusammen, da wirkt alles zusammen, was in den verschiedenen Hierarchien tätig sein kann. Indem wir anfangen zu bauen aus unserer in der Ermüdung angesammelten Weisheit an unserer nächsten Inkarnation, greifen in diese Tätigkeit ein alle Hierarchien, um dasjenige, was dann unser Haupt wird, als Abdruck aller Götterweisheiten uns einzuverleiben.

Denken und Wollen

Siebte Klassenstunde, Rudolf Steiner, 1924, GA 270, S. 158

In der Sinneswelt, da denken wir, dass im Haupte des Menschen das Denken, das Vorstellen säße. So ist es für die Sinneswelt. Allein diesem Vorstellen, diesem Denken des Hauptes ist immer – auch wahrnehmbar für das gewöhnliche Bewusstsein – ein klein wenig Wollen beigemischt. Denn indem wir von einem Gedanken zu dem anderen schreiten, müssen wir ebenso wollen, wie wenn wir einen Arm bewegen oder ein Bein bewegen oder überhaupt etwas wollen. Aber es ist ein leises, feines Wollen, das einen Gedanken in den anderen überführt. So ist es, wenn wir in der Sinneswelt sind: an das Haupt gebunden der ganze weite Umfang des Denkens und ein wenig Wollen, ein leises Wollen. Sobald man hinüberkommt über die Schwelle und an den Hüter herantritt, wird es umgekehrt: wenig Denken an das Haupt gebunden und viel ausgebreitetes Wollen. Und in diesem Wollen, das sonst schlafend ist in dem Menschen, verspürt man den Geist, wie er aus dem Kosmos heraus, aus der Himmelswelt, das menschliche Haupt als sein kugeliges Abbild gestaltet in allen Einzelheiten.

Denken ist Licht

Fünfte Klassenstunde, Rudolf Steiner, 1924, GA 270, S. 108

Und gehen wir gar an das Licht heran, dann weben und leben wir auch im Lichte. Nur bemerken wir das nicht, weil wir im gewöhnlichen Bewusstsein keine Ahnung davon haben, dass das innere Weben des Lichtes in unserem eigenen Denken enthalten ist, dass jeder Gedanke aufgefangenes Licht ist: aufgefangenes Licht beim physisch Sehenden, aufgefangenes Licht beim physisch Blinden. Das Licht ist ein Objektives. Das Licht nimmt nicht nur der physisch Sehende auf, das Licht nimmt auch der physisch Blinde auf, wenn er denkt. Denn der Gedanke, den wir innerlich in uns festhalten, der Gedanke, den wir innerlich in uns einfangen, er ist in uns vorhandenes Licht.

Der Kampf zwischen Licht und Finsternis

Fünfte Klassenstunde, Rudolf Steiner, 1924, GA 270, S. 110

Sehen Sie, zunächst muss gewissermaßen das Licht moralisch wirken. Und der Mensch muss gewahr werden, wie er dem Lichte, das Licht ihm verwandt wird im esoterischen Erleben der Welt. Dann aber, dann tritt einem sehr klar vor das Bewusstsein, wie in dem Augenblicke, wo man die Schwelle betritt, das Licht recht wesenhaft wird und einen harten Kampf zu bestehen hat gegen die finsteren Mächte. Da wird Licht und Finsternis real. Und da tritt etwas vor dem Menschen auf, durch das er sich sagt: Wenn ich ganz mit meinem Denken im Lichte aufgehe, dann verliere ich mich an das Licht. Denn in dem Augenblicke, wo ich mit meinem Denken in das Licht aufgehe, erfassen mich Lichtwesen, die zu mir sagen: Du Mensch, wir lassen dich nicht wiederum aus dem Lichte los, wir halten dich im Lichte zurück. – Und das drückt auch das Wollen dieser Lichtwesen aus. Diese Lichtwesen wollen fortwährend durch das Denken des Menschen den Menschen an sich ziehen, ihn mit dem Lichte eins machen, ihn entreißen allen Erdenmächten und ihn verweben mit dem Lichte. Es gibt um uns herum jene Lichteswesen, die eigentlich den Menschen in jedem Augenblicke seines Daseins hinwegreißen wollen von der Erde und ihn verweben wollen mit dem über die Erde hinwellenden Sonnenlichte. Da leben sie, diese Lichtwesen, im Umkreis der Erde und sagen: Du Mensch sollst nicht mit deiner Seele in deinem Leibe bleiben; du sollst des Morgens mit dem ersten Strahl der Sonne im Lichte auf die Erde hin selber leuchten, du sollst mit der Abendröte untergehen, sollst als Licht die Erde umkreisen!

Die Sternenwelt als Keim des Denkens

Elfte Klassenstunde, Rudolf Steiner, 1924, GA 270, S. 224

Die Sterne stehen oben; ihre Glanzesstrahlen kommen uns entgegen, wenn wir zu ihnen aufschauen. Aber sie kommen uns nicht nur entgegen, wir nehmen sie auf. Und dasjenige, was wir von den Glanzesstrahlen der Sterne in unserem Haupte aufnehmen, das verschließen wir in diesem Haupte. Und aus dem sprießt und sprosst dasjenige, was unsere menschlichste Tätigkeit auf Erden ist: unser Denken.

Übe Geist-Erschauen
in Gedanken-Ruhe
wo die ew 'gen Götterziele
Welten-Wesens-Licht
dem eignen Ich
zu freiem Wollen schenken
und du wirst wahrhaft denken
in Menschen-Geistes-Gründen

Geist-Erschauen

Probleme des Zusammenlebens, Rudolf Steiner, 1915, GA 253, S. 56, 57, 91

Es handelt sich also darum, dass derjenige, der wirklich eintreten will in die geistige Welt, suchen muss, sein eigenes Selbst mit den Dingen zunächst so zu identifizieren – es ist das ja schon in dem letzten Kapitel meiner «Theosophie» geschildert, da sind im Grunde genommen alle Angaben schon gemacht –, dass er sich angewöhnt, von sich loszukommen, indem er die höhere Welt betrachtet. Und wenn er sich das angewöhnt, wird er allmählich in das andere Erleben hineinkommen, das man sich allerdings nicht erwerben kann, nur den Weg dazu, denn dieses andere Erleben überkommt einen wie durch eine Gnade der geistigen Welt: «Du wirst jetzt von den geistigen Wesenheiten der höheren Hierarchien angeschaut, sie schauen dich an.» – Aber sie schauen einen dann nicht bloß an, sondern man wird ebenso zur Wahrnehmung, zur Vorstellung, zum Gedanken der Wesenheiten der höheren Welten so wie für uns die Gegenstände des physischen Planes. […] Das heißt, so angeschaut zu werden, dass die Angeloi in ihm ihr Anschauen erleben und er nur das Blickfeld wird für die Angeloi. Was die Angeloi wissen, weiß er dann auch, denn man weiß, dass die höheren Geister, die Geister der höheren Hierarchien in einem wissen, und dadurch weiß man von den höheren Welten.

[...]

Aber man muss es noch zu etwas anderem bringen. Wenn man es einmal wirklich dazu gebracht hat, so denken zu können, dass man den reinen Gedanken erfaßt hat, dass man in seinem Seelenleben eine Folge von reinen Gedanken haben kann, dann ist das eigene Gemüt, das subjektive Ich nicht mehr beteiligt. Daher auch das Strenge, das man fühlt, wenn man beim reinen Denken angekommen ist. Man kann es nicht mehr biegen und brechen, so wie man es subjektiv haben wollte. Wenn man eine Gedankenfolge so nimmt, wie sie zum Beispiel in der «Philosophie der Freiheit» gegeben ist, ist es unmöglich, sie anders zu gestalten. Man kann sie nicht in einer beliebigen Weise meißeln und so weiter, sondern man muss sie so in sich wachsen lassen wie einen Organismus. Man ist wirklich mit seinem Ich unbeteiligt; das Denken selber denkt.

Die Engel sind Gedanken-Wesen, und sie haben «Substanz»

Das Wort «Substanz» stammt in der lateinischen Tradition aus der Übersetzung des griechischen Wortes «ousia», das als Substantiv zum Verb «sein» gehört. Ousia bedeutet «das Seiende», etwas das ist, was Seins-Qualität hat, als Gabe des «Sein-erweckenden» Vater-Geistes, der in der biblischen Sprache «Elohim» genannt wird. Ousia meint, dass etwas die Kraft zur Einheit und Form besitzt. Die Engel sind Gedanken-Wesen, mehr noch, auch Ousia, also Wesen.

Okkultes Lesen und okkultes Hören, Rudolf Steiner, 1914, GA 156, S. 163

Wenn wir nochmals den schlafenden Menschen betrachten, so können wir sagen: Insofern dieser schlafende Mensch außerhalb seines physischen Leibes und seines Ätherleibes ist, erlebt er in der Welt der webenden Gedanken, in die hineinverwoben sind die Wesenheiten der höheren Hierarchien. Aber noch etwas anderes durchsetzt und durchströmt diese Welt. Was ist das? Die Wesen der höheren Hierarchien sind nicht bloß Gedankenwesen, sie sind reale Wesen, sie haben Substanz, und dasjenige, was sie als Substanz haben, das erleben wir nun nicht in unseren Gedanken, sondern in unserem Willen, namentlich in dem von der Liebe durchwalteten Willen. In unserem Willen, indem wir hineinstellen die moralischen Impulse in die Welt, die sonst für uns nur eine Bilderwelt ist, holen wir herunter die Substanz der höheren Wesen in unsere Welt. Was wir wirklich aus moralischen Impulsen heraus tun, heißt nichts anderes als die Substanz der Wesen der höheren Hierarchien in unsere Welt herunterholen.

Die Bewusstseinsseele entwickelt sich ab dem vierten Jahrhundert

Die Impulsierung des weltgeschichtlichen Geschehens, Rudolf Steiner, 1923, GA 222, S. 59

Vor dem 4. nachchristlichen Jahrhundert walteten nun die Geister der Form nicht nur in den Eindrücken der Sinneswelt, sondern vor allen Dingen auch in den Gedanken. Diese Gedanken sind nun übergegangen an die Archai, an die Urbeginne. Die sind aber dem Menschen näher als die Geister der Form, denn sie sind vor der Sinneswelt. Sie sind zwischen dem Menschen und dem, was der Mensch sinnlich wahrnimmt; nur, weil sie übersinnlicher Natur sind, bemerkt sie der Mensch nicht. Dann kommen die Archangeloi, dann sind die Angeloi da, und dann der Mensch selbst, dann die Tiere, Pflanzen, Mineralien. So dass also in dieser Zeit, die ich angedeutet habe, hinter den Kulissen der Weltgeschichte diese große, umfassende, gewaltige Tat liegt: dass die Gedanken, die in den Dingen sind, und die der Mensch aus den Dingen heraus schöpft, nicht mehr sozusagen nur Besitz der Elohim, sondern der Besitz der Urbeginne, der Archai sind.

Wir «kriechen hinein» in die Angeloi, Archangeloi und Archai

Kunst- und Lebensfragen, Rudolf Steiner, 1915, GA 162, S. 112

Wenn wir von dem Gesichtspunkte der anderen Geschöpfe der Erde sprechen wollten, so müssten wir sagen: Die Wesen der verschiedenen Reiche, des pflanzlichen, des tierischen, des mineralischen Reiches lassen sich von uns wahrnehmen; sie werden von uns wahrgenommen. Nun liegt es eben so ungeheuer nahe für den Menschen, das, was er so gewohnt geworden ist als sein Verhältnis zur Welt anzusehen, das auch nun ganz unmittelbar anzuwenden, wenn es sich um Wesenheiten der höheren Ordnungen, der höheren Hierarchien zum Beispiel handelt. Der Mensch stellt sich vor: wenn er in die höheren Welten hinaufrückt, dann sind die Engel, Erzengel, Geister der Persönlichkeit (Archai) und so weiter ebenso um ihn herum ausgebreitet, wie Minerale, Pflanzen, Tiere in der physischen Welt um ihn herum ausgebreitet sind. Ganz genau so, möchte ich sagen, ist aber die Sache nicht. Wir müssen uns gewöhnen, unser Verhältnis zu der andern, der geistigen Welt in dem Augenblicke gleich anders vorzustellen, wo wir die Schwelle in die geistige Welt hinein überschreiten. Wir müssen uns vollständig ernst sein lassen das, was öfter gesagt worden ist: dass in dem Augenblicke, wo wir nur einen Schritt in die geistige Welt hinein machen, das heißt unsere Wahrnehmungsfähigkeit erweitern, wir in gewisser Weise zusammenwachsen mit den Wesen, die um uns herum sind, dass wir uns mit unserem eigenen Wesen über sie verbreiten. Und ich habe den trivialen, ja nicht schönen, aber doch treffenden Ausdruck oftmals gebraucht: wir kriechen in die Wesen hinein, wir wachsen mit ihnen zusammen. Dem physischen Plane gegenüber fühlen wir die Wesen immer wie draußen, und das, was wir von ihnen wahrnehmen, geht in uns hinein. Den Wesen der höheren Welten gegenüber müssen wir uns so fühlen, dass wir in sie hineingehen. Und wie sich die Wesen des mineralischen, des pflanzlichen, des tierischen Reiches von uns wahrnehmen lassen, so müssen wir uns wahrnehmen lassen von den Wesen der höheren Hierarchien; das heißt, wir werden objektive Wahrnehmungsgegenstände, Wahrnehmungswesen für die Wesen der höheren Hierarchien. Ich möchte sagen: wie die verschiedenen Tiere für uns ausgebreitet sind da draußen im Raum, so dass wir sie anschauen können, so werden wir angeschaut von den Wesen der höheren Hierarchien. Die schauen auf uns herunter. Und dass sie uns anschauen, das erleben wir; darin besteht eigentlich die Wahrnehmung der höheren Wesenheiten. Man müsste also immer sagen – nicht: Ich nehme einen Engel wahr – denn das entspricht nicht ganz genau dem Erleben –, sondern man müsste sagen: Ich spüre, ich empfinde, dass ich von einem Engel wahrgenommen werde.

Unsere Gedanken den Engeln hingeben, damit sie in uns denken

Das Fünfte Evangelium, Rudolf Steiner, 1913, GA 148, S. 307

Man muss wissen, dass man nicht selbst seine Gedanken in seinem Bewusstsein dirigiert, sondern dass die Wesen der nächsthöheren Hierarchie diese Gedanken dirigieren. Man muss das Bewusstsein der Engel, einen durchwallend und durchwebend, fühlen. Dann erlangt man gleichsam einen Aufschluss über die fortlaufenden Impulse der Entwickelung, zum Beispiel über die Wahrheit des Christus-Impulses, wie er auch jetzt noch fortwirkt, nachdem er einmal da ist. Die Engel können diese Impulse denken; wir Menschen können sie denken und charakterisieren, wenn wir uns gegenüber unseren Gedanken so verhalten, dass wir sie hingeben den Engeln, dass diese in uns denken. Das erlangt man eben durch fortgesetztes Üben, wie ich es in meinem Buche «Wie erlangt man Erkenntnisse der höheren Welten?» beschrieben habe. Von einem gewissen Moment an verbindet man ein Gefühl, einen Sinn mit den Worten: Deine Seele denkt jetzt nicht mehr; sie ist ein Gedanke, den die Engel denken. – Und indem das für das einzelne menschliche Erleben eine Wahrheit wird, erlebt man in sich, sagen wir, die Gedanken der allgemeinen Christus-Wahrheiten oder auch andere Gedanken über die weise Führung der Erdenevolution.

Denn es walten des Geistes
Weltgedanken
im Weltenwesen Licht-erflehend

Das Farben atmende Gespräch zwischen den Hierarchien

Die Angeloi, Archangeloi, Archai atmen Farben, Weltgedanken. *Sie erwecken diesen Gedanken zum Leben und wenden sich an die Exusiai, Dynamis, Kyriotetes, die diese zum Leben erweckten Gedanken zum Sein erheben. Daraus wird eine neue Welt entstehen.*

Siebzehnte Klassenstunde, Rudolf Steiner, 1924, GA 270, S. 329

Stellen wir das Bild noch einmal vor unsere Seele hin: Die Weltenschale, halbhimmelgroß, darinnen flutend die Farben, die wir sonst im Regenbogen flächenhaft sehen, webend, lebend ineinander, herankommend die Wesenheiten der dritten Hierarchie, Angeloi, Archangeloi, Archai. Sie atmen diese Farben. Uns aber werden die Gedanken der Wesenheiten der höheren Hierarchie in diesem Farbenatmen seelen-sichtbar. Wir schauen aber, wie durchdrungen von diesen Weltgedanken sich diese Wesenheiten der dritten Hierarchie wenden zu den Wesenheiten der zweiten Hierarchie, denen sie dienen, wenden zu Exusiai, Dynamis, Kyriotetes. Und wir haben das gewaltige Bild vor uns, dass erscheinen die reinen Geistwesen, die Sonnenbewohner, die da nur erscheinen, wenn verschwindet das physische Bild, das die Sonne entwirft, wenn jenes kleine, trotz all seiner Größe im Verhältnis zur Erde kleine Bild – denn ein Bild ist es nur –, wenn jenes kleine Bild der Sonne verschwindet. Und majestätisch wird die Sonne erfüllen das ganze All – unendlich viel größer – als das riesengroße Weltenbild. Dann erscheinen die Wesenheiten der zweiten Hierarchie, webend und lebend im reinen Geisterreiche, jetzt aber empfangend dasjenige, was ihnen Angeloi, Archangeloi, Archai bringen. Das sind nicht tote Gedanken, wie wir sie haben; da sind die toten Gedanken entnommen dem Sinnenschein und im Atmen der Angeloi, Archangeloi, Archai lebendige Gedanken geworden. Wie in einem gewaltigen Opfer tragen Angeloi, Archangeloi, Archai diese lebendigen Gedanken hin vor die Wesenheiten der zweiten Hierarchie, vor Exusiai, Dynamis, Kyriotetes. Da wecken diejenigen Gedanken, die gelebt haben im Erdendasein, die im Erdendasein Schein sind, die wecken die Wesenheiten der zweiten Hierarchie im Sein auf. Und wir sehen, wie empfangen die Wesenheiten der zweiten Hierarchie von den Wesenheiten der dritten Hierarchie die schon belebten Gedanken und wie jetzt wie eine mächtige Auferstehung eine Welt wird, eine neue Welt aus demjenigen, was tot aus dem Sinnenschein von Angeloi, Archangeloi, Archai entnommen worden ist; eine neue Welt, eine auferstehende Welt wird unter der Wirkung der Exusiai, Dynamis, Kyriotetes.

Archai – Archangeloi – Angeloi
o lasset aus den Tiefen erbitten
was in den Höhen erhöret wird
dann spricht es durch die Welt
per Spiritum Sanctum reviviscimus

Wo sind die Engel?
Sie sind so unzählig und beweglich
wie Denkkräfte!

Geistige Hierarchien, Rudolf Steiner, 1909, GA 110, S. 112

Wenn Sie einem Menschen begegnen, so sehen Sie ihm an: Der hat seine Prinzipien in sich, der hat daher alles organisch gegliedert. Wenn Sie einen Engel aufsuchen wollen, dann müssen Sie berücksichtigen, dass sein Physisches hier unten nur etwas ist wie ein Spiegelbild seiner geistigen Prinzipien, die auch nur im Geistigen zu schauen sind. Im fließenden und rieselnden Wasser, in dem sich in Dunst auflösenden Wasser, ferner in den Winden der Luft und in den durch die Luft zuckenden Blitzen und dergleichen, da haben Sie den physischen Körper der Engelwesen zu suchen. Und die Schwierigkeit besteht zunächst für den Menschen darin, dass er glaubt, ein Körper müsse ringsherum bestimmt begrenzt sein. Dem Menschen wird es schwer, sich zu sagen: Ich stehe vor einem aufsteigenden oder herabfallenden Nebel, ich stehe vor einer sich zerstäubenden Quelle, ich stehe im dahinbrausenden Wind, ich sehe den Blitz aus den Wolken schießen und weiß, dass das die Offenbarungen der Engel sind; und ich habe zu sehen hinter diesem physischen Leib, der eben nicht so begrenzt ist wie der menschliche, ein Geistiges. Der

Mensch soll alle seine Prinzipien in sich abgeschlossen entwickeln; damit hängt es zusammen, dass er sich nicht vorstellen kann, dass ein physischer Leib verschwimmend, verschwebend sein kann, dass er gar nicht einmal richtig abgeteilt zu sein braucht. Sie müssen sich durchaus denken, dass achtzig Engel zusammengehören, die in einer einzigen Partie dieser oder jener Wasserfläche den dichtesten Teil ihres physischen Leibes haben. Es braucht auch gar nicht dieser physische Leib der Engel so aufgefasst zu werden, dass er überhaupt begrenzt sein müsste, es kann hier ein Stück Wasser dazu gehören, weit weg ein anderes Stück. Kurz, wir sehen, dass wir uns alles, was uns umgibt als Wasser, Luft und Feuer der Erde, dass wir uns das vorzustellen haben als in sich enthaltend die Körper der nächsten über dem Menschen stehenden Hierarchie. Und es muss mit hellseherischem Blick hineingeschaut werden in die astralische Welt, um das Engel-Ich und Engel-Manas zu erblicken – das schaut uns aus der höheren Welt an. Und das Gebiet in dem Sonnensystem, wo wir zu forschen haben, wenn wir nach den Engelwesen suchen, das geht bis zu der Marke des Mondes.

[...]

So dass wir von den Erzengeln das vollständige Bild nur haben, wenn wir an zwei Orten suchen, wenn wir uns sagen: Da ist nicht, wie beim Menschen, alles in einer einzigen Wesenheit vereinigt; da ist gleichsam oben das Geistige und unten spiegelt sich das Geistige. – Es kann sich ein physischer Leib und ein Ätherleib für sich nur vereinigen, wenn dieser physische Leib nur in Luft und Feuer ist. Also die Erzengel könnten Sie zum Beispiel nicht in irgendeiner Wassermasse daherbrausen fühlen ihrem physischen Leibe nach, sondern Sie könnten sie nur in Wind und Feuer wahrnehmen, und zu diesem dahinbrausenden Wind und zu diesem Feuer müssen Sie also hellseherisch in der geistigen Welt das geistige Gegenstück suchen. Das ist nicht mit seinem physischen Leib, auch nicht einmal mit seinem Ätherleib vereint. Und endlich kommen wir zu denjenigen Wesenheiten, die wir als Archai, Urbeginne, Urkräfte, Geister der Persönlichkeit bezeichnen. Da können wir unten überhaupt nur den physischen Leib zeichnen, alles andere ist oben in der geistigen Welt. Solch ein physischer Leib, der kann nur im Feuer leben. Nur in Feuerflammen können Sie den physischen Leib der Urkräfte wahrnehmen.

Michael ist wie die Sonne zwischen den Erzengeln

Vorstufen zum Mysterium von Golgatha, Rudolf Steiner, 1913, GA 152, S. 36

Die Wesenheit, die wir Michael nennen dürfen, und die der Hierarchie der Archangeloi angehört, ganz gleich wie wir diese Wesenheit auch nennen mögen, sie existiert doch. Und es gibt viele solcher Wesenheiten, welche dem gleichen Range angehören. Aber diese besondere Wesenheit, die esoterisch unter dem Namen Michael bekannt ist, ist so erhaben über ihre Gefährten, wie die Sonne erhaben ist über die Planeten, über Venus, Merkur, Jupiter, Saturn und so weiter. Er, Michael, ist die hervorragendste und die bedeutendste Wesenheit in der Hierarchie der Erzengel. Die alten Hebräer nannten Michael «Das Antlitz Gottes».

Die Drei-Einheit in Erde, Planeten und Fixsternen und die Drei-Einheit in Denken, Fühlen und Wollen

«Lasset aus den Tiefen erbitten». *Was heißt «erbitten» an dieser Stelle? Eine gehobene Form von «fragen»? Das digitale Wörterbuch der deutschen Sprache enthält u. a. den Beispielsatz: «Gottes Segen erbitten». Das heißt ein Fragen in Frömmigkeit. Genau diese Stimmung brauchen wir, wenn wir uns des Geistes bewusst werden wollen. Der folgende Text aus der neunten esoterischen Stunde beschreibt eine Seelenübung, die das klarmacht. Dabei geht es um ein Hineinwachsen in ein wahrhaft religiöses Erleben der Welt und eine Stimmung, die zu einer Art Gebet wird. Dann werden wir uns als Geist in der Geisterwelt fühlen, wiedergeboren im Geist: «Per Spiritum Sanctum reviviscimus». Mit fortschreitender Übung werden wir dann die Trinität in den Fixsternen, den Planeten und in der Erde erfahren dürfen, aber auch innerlich, in unserem Denken, Fühlen und Wollen. So können wir, wenn es gegeben ist, die göttliche Trinität in allem in uns und in allem um uns herum erfahren.*

Neunte Klassenstunde, Rudolf Steiner, 1924, GA 270, S. 195

Dasjenige, wodurch wir auch das Geistige in uns erfassen und erleben, das wird erreicht, wenn wir den Geist erheben zu den Ruhesternen, zu denjenigen Sternen, die uns in ihren Gruppen Formungen, Gestaltungen entgegensenden und so wie zur Himmelsschrift für uns werden. Wenn wir bewahren dasjenige, was so eingeschrieben ist in den Sternenhimmel, dann werden wir unserer eigenen Geistigkeit in uns gewahr, jener Geistigkeit, die nicht persönlich vom Menschen spricht, sondern die vom ganzen Weltenall spricht. [...]

Nicht mit allgemeinen Sätzen, nicht mit allgemeinen Empfindungen kommen wir dazu, mit unserem Seelischen aus dem Leibe immer mehr und mehr herauszukommen und in die Allwelt überzugehen, sondern allein dadurch kommen wir dazu, dass wir in so bestimmter Weise ergreifen Element nach Element, Bewegung der Wandelsterne, Sinn der Ruhesterne. Wir verbinden uns mit der Welt, indem wir dies tun. [...] Dann aber, wenn wirklich das so durchgemacht wird, wenn wir zuletzt endigen im Frommsein durch eine solche Übung, dann hört die Welt auf, physisch für uns zu sein. Dann sagen wir uns mit aller inneren Wahrheit: Das Physische an der Welt ist nur Schein, Maja; die Welt ist durch und durch überall Geist. Wir gehören als Mensch zu diesem Geiste. Und wenn wir uns als Geist in der Geistwelt fühlen, dann sind wir jenseits der Schwelle zur geistigen Welt. Dann aber, wenn wir jenseits der Schwelle zur geistigen Welt sind, dann empfinden wir, wie unser Leib hier zusammenhält, durch seine äußerliche Leibeskraft zusammenhält Denken, Fühlen, Wollen; wie aber in diesem Augenblicke, wo wir leibfrei in unserem Erleben werden, Denken, Fühlen, Wollen eines nicht mehr sind, sondern eine Dreiheit sind. Denn es ist so, als ob wir, indem wir uns mit den Erdengewalten in Erde, Wasser, Luft, Feuer verbinden, wie wenn wir da unser Wollen der Erde zuführten und eins würden durch unser Wollen mit der Erde. Es ist weiter, indem wir fühlen unsere Seele in Liebe zu den Bewegungen der Wandelsterne, das heißt zu den Geistwesen, welche darinnen leben, es ist so, dass wir da die kreisenden Gewalten des Weltenraumes erleben als Fühlen. Und wenn wir sagen können: Sonne bewegt sich im Gefühl des Weltenraumes, Merkur bewegt sich im Gefühl des Weltenraumes, Mars bewegt sich im Gefühl des Weltenraumes, dann haben wir das Fühlen in seinem Weltendasein getrennt vom Denken ergriffen und getrennt vom Wollen. Und wenn wir das Denken so erfassen können, dass wir den Gedanken freibekommen vom physischen Dasein, dann ist es, wie wenn unser Denken weit hinausflöge zu den Ruhesternen und in den Ruhesternen selber ruhte. Und wir sagen uns, wenn wir jenseits der Schwelle angekommen sind: Mein Denken ruht in den Ruhesternen; mein Fühlen bewegt sich in den Wandelsternen; mein Wollen gliedert sich ein den Kräften der Erde. Und Denken, Fühlen, Wollen sind im Weltenall aufgeteilt. Und sie müssen wiederum zusammengefügt werden. Hier auf der Erde braucht der Mensch nicht Denken, Fühlen und Wollen zusammenzubinden, denn sie sind dadurch, dass der physische Leib eine Einheit ist, für den physischen Menschen zusammengebunden. Fortwährend würden Denken, Fühlen und Wollen auseinanderfallen, wenn sie nicht durch den physischen Menschen, ohne dass der Mensch es beabsichtigen oder wollen kann, zusammengehalten werden. Jetzt aber sind sie so getrennt, Denken, Fühlen und Wollen, dass das Denken oben ruht bei den Fixsternen, dass das Fühlen kreist mit den Planeten, dass das Wollen unten sich eingliedert den Kräften der Erde. Und wir müssen uns mit festem innerem Erkraften hinstellen und die drei, die weit auseinanderliegen, durch unsere eigenen Kräfte zu einer Einheit zusammenfassen. Dazu müssen wir so, wie wir das durch eine solche mantrische Formel können, Denken, Fühlen und Wollen empfinden, damit wir dem Denken, das zu den Ruhesternen gegangen ist, etwas mitteilen können vom Wollen und Fühlen; dem Fühlen, das in den Wandelsternen kreist, etwas mitteilen können vom Denken und Wollen; dem Wollen, das an die Erde gebunden ist, etwas mitteilen können vom Denken und Fühlen. Wir müssen, hinaufschauend zu den Ruhesternen, andächtig uns sagen: Da ruhet dein Denken. Aber ich bringe diesen ganzen Sternenhimmel in Bewegung, wie das Gefühl es sonst bei den Planeten tut, ich bewege im Geiste den Sternenhimmel langsam hin. Ich fühle mich wie angezogen vom Sternenhimmel; ich möchte hinauf, ich möchte eins werden als ganzer Mensch mit dem Sternenhimmel. So habe ich Fühlen und Wollen dem an die Ruhesterne gebundenen Denken einverleibt. Nun schaue ich hin auf die Wandelsterne und fühle: In diesen Wandelsternen wandelt mein eigenes Fühlen. Aber ich will mich bemühen, den Augenblick, den ich angeschaut habe, der sich immer in den Wandelsternen verändert, festzuhalten, wie fest sonst nur die Fixsterne stehen. Und ich will mit meinem ganzen mittleren Menschen, mit all dem, was zu Herz und Lunge gehört, eins werden mit dem ganzen Planetensystem. Dann habe ich das Denken und das Wollen zugeteilt dem Fühlen. Und werde ich gewahr, wie ich als Mensch gebunden bin an die Erde, durch diese mantrische Formel, dann soll ich zumischen diesem Gebundensein an die Erde Fühlen und Denken. Ich soll in mir im Gedanken die Erde in Bewegung setzen, sodass ich mit ihr wie ein Wandelstern fortkreise und ihre Schwere nicht wahrnehme, die Gebundenheit der Erde mir so wird, wie wenn ich die Erde durch den Weltenraum tragen würde. Fühlen ist dem Wollen beigemischt. Denken mische ich bei, wenn ich mit der Erde mich fortbewege in Gedanken, aber wieder stillhalten kann, die Erde selber zum Ruhestern durch meine eigene Gedankenkraft meditierend mache.

Von den Rosenkreuzersprüchen

Aus den Inhalten der esoterischen Stunden, Rudolf Steiner, 1910, GA 266, II, S. 73

Entstanden sind wir aus höheren geistigen Kräften heraus, wie wir dies diese Tage hindurch gehört haben. Aus dem göttlichen Schoße sind wir herabgestiegen. Göttlichen Ursprungs sind wir. So können wir aus dieser Erkenntnis heraus den rosenkreuzerischen Spruch vor unsere Seele stellen: *Ex Deo nascimur* – aus Gott sind wir geboren. Aber gleich dabei soll ein Satz stehen, der uns viel kleiner gestimmt macht; wir sollen uns ganz aufgeben und verlieren, uns hingeben an den Christus. Und wenn diese Stimmung so recht in unserer Seele lebt, so können wir dem Ex Deo nascimur hinzufügen: *In Christo morimur* – in Christus sterben wir. Und einen weiten Ausblick darauf, wie wir den Geist, den Heiligen Geist bewusst in uns entwickeln können, gibt uns der Satz des Rosenkreuzerspruchs, der auf die ersten beiden Sätze folgt: *Per Spiritum Sanctum reviviscimus* – im Heiligen Geist werden wir wieder und wieder leben.

Die Bedeutung von Vater, Sohn und Geist in den Rosenkreuzersprüchen

Nordische und mitteleuropäische Geistimpulse, Rudolf Steiner, 1921, GA 209, S. 172

Durch die Jahrhunderte hindurch hat man immer mehr und mehr das Verständnis für den Auferstandenen, für den Todesbesieger verloren, und die aufgeklärte Theologie der neueren Zeit hat sich allein an den Menschen Jesus von Nazareth gehalten. Dieser Mensch Jesus von Nazareth kann nicht das Zweite sein neben dem Vaterprinzip. Er könnte den Vater verkündigen, aber er könnte sich nicht im Sinne der Diskussionen der ersten Christenheit neben den Vater hinstellen.

Aber gleichwertig stehen nebeneinander der göttliche Vater, der den Übergang bewirkt aus dem Übersinnlichen in das Sinnliche: *Ex Deo nascimur*, und der göttliche Sohn, der den Übergang bewirkt von dem Sinnlichen ins Übersinnliche: *In Christo morimur.*

Und erhaben über beides, über das Geborenwerden und Sterben, ist ein drittes Prinzip, das ausgeht von beiden, was gleichwertig wiederum zusammenhängt mit beiden, mit dem göttlichen Vater und dem göttlichen Sohne: der Geist, der Heilige Geist. So dass im Menschen zu erkennen ist der Übergang aus dem Übersinnlichen in das Sinnliche: *Ex Deo nascimur*, der Übergang aus dem Sinnlichen ins Übersinnliche: *In Christo morimur*, und die Vereinigung von beiden, die Verbindung mit dem, worin weder Geburt noch Tod mehr eine Wesenheit haben, die Auferweckung durch den Geist: *Per Spiritum Sanctum reviviscimus.*

Das hören die Elementargeister
Im Osten, Westen, Norden, Süden
Menschen mögen es hören

Eine Charakter-Skizze von den Elementarwesen

Eine Charakter-Skizze der Elementarwesen *aus einem Vortrag, der sechs Wochen vor der Grundsteinlegung gehalten wurde (Fortsetzung der Charakter-Skizze oben bei der zweiten Strophe).*

Der Mensch als Zusammenklang, Rudolf Steiner, 1923, GA 230, S. 146

Nun gehen wir wiederum von den Gnomen zu den Undinen, zu den Wasserwesen. Da bietet sich einem eigentlich eine sehr merkwürdige Vorstellung. Diese Wesenheiten haben nicht dieses Lebensbedürfnis, das die Menschen haben, auch nicht das Lebensbedürfnis, das die Tiere haben, wenn auch instinktiv, sondern man könnte fast sagen: die Undinen, auch die Sylphen, sie haben eher ein Todesbedürfnis. Sie sind wirklich auf eine kosmische Art so wie die Mücke, die sich in die Flamme stürzt. Sie haben das Gefühl, dass sie eigentlich erst recht ihr Leben haben, wenn sie sterben. Außerordentlich interessant ist es: Hier in der physischen Erde will alles leben, und man schätzt eigentlich alles, was Lebenskraft in sich hat; man schätzt gerade alles, was lebendiges Sprießen und Sprossen hat. Kommt man da hinüber, dann sagen einem alle diese Wesenheiten: das Sterben, das ist eigentlich erst der richtige Anfang des Lebens. Und das können diese Wesenheiten auch empfinden. Denn nehmen wir diese Undinen. Sie wissen ja vielleicht, dass, sagen wir Schiffer, die viel auf dem Meere fahren, finden, dass das Meer so einen eigentümlichen Eindruck macht, auf der Ostsee im Juli, August, September, weiter nach Westen hinüber schon im Juni, und dass diese Leute sagen: das Meer beginnt zu blühen. Es schlägt aus gewissermaßen; aber es schlägt aus von alledem, was im Meer verwest. Die Verwesung des Meeres macht sich da geltend; sie gibt dem Meere einen eigentümlichen fauligen Geruch. Aber das ist alles anders für die Undinen. Die Undinen empfinden dabei nichts Unangenehmes, sondern wenn diese Millionen und Millionen von Wassertieren, die da verwesen im Meere, in die Zerstörung hineinkommen, dann wird das Meer für die Undinen ein in den wunderbarsten phosphoreszierenden Farbenspielen erglänzendes. Es glänzt und glitzert alles in allen möglichen Farben. Insbesondere in bläulichen, violettlichen, grünlichen Farben glitzert für sie das Meer innerlich und äußerlich. Das ganze Verwesen im Meere wird ein solches Glimmern und Glitzern in den dunkleren Farben bis zum Grün hin. Aber diese Farben sind Realitäten für die Undinen, und man sieht dann die Undinen, wie sie in diesem Farbenspiele des Meeres selber diese Farben in sich aufnehmen. Sie ziehen diese Farben in ihre eigene Leiblichkeit herein. Sie werden so, wie diese Farbenspiele sind; sie werden selber phosphoreszierend. Und indem sie diese Farbenspiele aufnehmen, indem sie selber phosphoreszierend werden, entsteht in ihnen etwas wie eine Sehnsucht, wie eine ungeheure Sehnsucht, nach oben zu gehen, nach oben zu schweben. Diese Sehnsucht führt sie dazu, nach oben zu schweben, und sie bieten sich mit dieser

Sehnsucht den Wesenheiten der höheren Hierarchien, den Angeloi, Archangeloi und so weiter als die Erdennahrung an; sie finden darin ihre Seligkeit. Sie leben dann in den höheren Hierarchien drinnen weiter. So ist es merkwürdig, wie aus unergründlichen Tiefen herauf sich diese Wesenheiten, man möchte sagen, mit jedem Frühfrühling entwickeln. Sie machen da mit das Leben der Erde, indem sie in der Weise am Pflanzentum arbeiten, wie ich es beschrieben habe. Dann aber ergießen sie sich gewissermaßen in das Wasser, nehmen durch ihre eigene Leiblichkeit das Phosphoreszieren des Wassers, das Verwesende auf, tragen es in ungeheurer Sehnsucht hinauf, und man sieht in einem kolossalen, in einem grandiosen Weltenbilde, wie die aus dem Erdenwasser entstehenden, durch die Undinen getragenen Farben, die geistig-substantiell sind, den Wesen der höheren Hierarchien ihre Nahrung bieten, wie die Erde Nahrungsquelle wird für die höheren Hierarchien, indem die Sehnsucht der Undinen gerade darin besteht, sich von den höheren Wesen verzehren zu lassen. Da leben sie dann weiter, da gehen sie gewissermaßen in ihre Ewigkeit ein. So ist eigentlich in jedem Jahre ein fortwährendes Aufströmen von diesen Wesenheiten, deren Inneres aus der Erde heraus gebildet ist, und die aufstrahlen sehnsüchtig, um sich als Nahrung anzubieten den höheren Wesenheiten.

Und gehen wir zu den Sylphen. Wir finden ja im Laufe des Jahres die ersterbenden Vögel. Ich habe Ihnen dargestellt, wie diese ersterbenden Vögel ihre vergeistigte Substanz haben, wie sie diese vergeistigte Substanz übergeben wollen den höheren Welten, damit sie von der Erde hinaufkommt. Aber da bedarf es der Vermittler. Diese Vermittler sind die Sylphen. Es ist so, dass in der Tat durch die sterbende Vogelwelt sich die Luft fortwährend anfüllt mit Astralität, mit einer niedrigeren Astralität, aber mit Astralität eben, mit astralischer Substanz. In dieser astralischen Substanz, ich kann nicht sagen flattern, ich möchte sagen, wenn das Wort nicht hässlich klingen würde, verschweben, es verschweben die Sylphen. Sie nehmen auf, was aus der sterbenden Vogelwelt kommt, tragen es wiederum sehnsüchtig in die Höhe und wollen veratmet sein von den Wesenheiten der höheren Hierarchien. Sie bieten sich als dasjenige an, was Atmungswesen der höheren Hierarchien ist. Wiederum ein grandioses Schauspiel! Indem man die Vogelwelt ersterben sieht, geht diese astralische, innerlich erglänzende Substanz in die Luft über. Die Sylphen zucken wie blaue Blitze durch die Luft, und in ihre blauen Blitze herein, zuerst ergrünend und dann errötend, nehmen sie auf diese Astralität, die von der Vogelwelt kommt, und huschen wie nach aufwärts zuckende Blitze hinauf. Verfolgt man das bis außerhalb des Raumes, so werden sie dasjenige, was veratmet wird von den Wesenheiten der höheren Hierarchien. So dass man sagen kann: die Gnomen tragen eine Welt in die andere hinüber ihrer Struktur nach. Sie gehen gewissermaßen – das ist aber nur vergleichsweise gesagt – horizontal mit der Evolution weiter. Die anderen Wesenheiten, die Undinen, die Sylphen tragen hinauf dasjenige, was sie als Seligkeit empfinden im eigenen Ersterben, im Genossenwerden, im Eratmetwerden. Da leben sie dann in den höheren Hierarchien weiter; darinnen empfinden sie ihre Ewigkeit.

Und wenn man übergeht zu den Feuerwesen, ja, meine lieben Freunde, denken Sie nur einmal, wie der Schmetterlingsstaub von den Schmetterlingsflügeln mit den absterbenden Schmetterlingen scheinbar in nichts zerfließt. Aber es ist nicht richtig, dass er in nichts zerfließt. Das, was da abstaubt von den Schmetterlingsflügeln, ist höchst vergeistigte Materie. Das alles fließt in den Wärmeäther, der die Erde umgibt, hinein wie winzige Kometen, jedes einzelne Stäubchen wie ein winziger Komet im Erdenwärmeäther. Alles wird, wenn die Schmetterlingswelt ihrem Ende zugeht im Jahreslauf, glitzernd und glimmend, innerliches Glitzern und Glimmen. Und in dieses Glitzern und Glimmen ergießen sich die Feuerwesen, sie nehmen es auf. Es glitzert und glimmert in ihnen weiter, und auch sie bekommen ihre Sehnsucht. Sie tragen das, was sie so aufgenommen haben, in die Höhe. Und man sieht – ich habe es Ihnen schon von einer anderen Seite geschildert –, wie nun das, was von den Schmetterlingsflügeln von den Feuerwesen nach außen getragen ist, in den Weltenraum hinausschimmert. Aber es schimmert nicht nur hinaus, es strömt hinaus, und es ist dasjenige, was den eigentlichen Anblick der Geister der höheren Hierarchien von der Erde ergibt. Die Geister der höheren Hierarchien schauen auf die Erde und sehen vorzugsweise von der Erde dieses von den Feuerwesen hinausgetragene Schmetterlings- und Insektenwesen, und die Feuerwesen finden ihre höchste Wollust darinnen, zu verspüren, wie sie es sind, die sich hinstellen vor die Geistesaugen der höheren Hierarchien. Sie finden es als ihre höchste Wollust, angeschaut zu werden, von den Blicken sozusagen, von den Geistblicken der höheren Hierarchien aufgenommen zu werden. Sie streben diesen höheren Hierarchien zu und führen ihnen das Wissen von der Erde zu. So sehen Sie, wie diese Elementarwesen die Vermittler sind zwischen der Erde und dem Geistkosmos: dieses Schauspiel der hinaufphosphoreszierenden Undinen, die in dem Licht- und Flammenmeer der höheren Hierarchien als Nahrung verschwinden, die hinaufzuckenden grünlich-rötlichen Blitze der Sylphen, die eratmet werden, wo das Irdische fortwährend in das Ewige übergeht, das ewige Verbleiben der Feuerwesen, deren Tun von Dauer ist. Denn während sich hier auf Erden nur in einer gewissen Jahreszeit das Sterben der Vögel abspielt, sorgen diese Feuerwesen dafür, dass sich dasjenige, was von ihnen zu schauen ist, das ganze Jahr sozusagen hinaus ins Weltenall ergießt. So trägt die Erde eine Art von Feuermantel um sich. Von außen gesehen, erscheint sie als feurig. Aber das Ganze wird ja von Wesen bewirkt, welche ganz anders die Dinge der Erde sehen, als der Mensch sie sieht. Für den Menschen ist, wie gesagt, die Erde als harte Substanz zu verspüren, auf der er gehen und stehen kann. Für die Gnomen ist sie eine durchlässige Kugel, eine Hohlkugel. Für die Undinen ist das Wasser etwas, in dem sie das Phosphoreszieren wahrnehmen und in sich aufnehmen und erleben können. Für die Sylphen ist das Astralische der Luft, das aus der sterbenden Vogelwelt kommt, dasjenige, wovon sie mehr zuckende Blitze werden, als sie schon gewesen sind; sie sind sonst matte, bläuliche Blitze, die Sylphen. Und wiederum das Zugrundegehen des Schmetterlingswesens ist etwas, was sozusagen dauernd die Erde wie mit einer Feuerschale umgibt. Für die Anschauung ist das so, dass gewissermaßen die Erde von einem wunderbaren feurigen Gemälde umgeben ist, und an der einen Seite, wenn man von der Erde hinaufschaut, sind diese zuckenden Blitze, diese phosphoreszierenden und verschwindenden Undinen. All das ist so, als ob man sagen müsste: Hier auf Erden weben und leben diese Elementargeister; sie streben nach aufwärts und verschwinden im Feuermantel der Erde. Aber sie verschwinden eigentlich nicht in Wirklichkeit, sondern sie finden da ihr ewiges Dasein, indem sie in die Wesenheiten der höheren Hierarchien übergehen. Das alles, was man da zuletzt sieht wie ein wunderbares Weltengemälde, das aber der Ausdruck ist dessen, was auf Erden geschieht, das alles spielt sich zunächst in seinem Anfangsstadium auf der Erde ab. Wir Menschen sind immer darinnen in dem, was sich da abspielt, und es ist eigentlich so, wenn der Mensch auch zunächst mit seinem gewöhnlichen Bewusstsein nicht fähig ist, diese Umgebung aufzufassen, dass man jede Nacht in dem Weben und Treiben dieser Wesenheiten drinnensteckt, selber Anteil nimmt als Ich und als astralischer Leib an dem, was diese Wesenheiten treiben.

Aber insbesondere den Gnomen ist es wirklich eine Art Amüsement, den Menschen schlafend zu beobachten; nicht den physischen Leib im Bette, sondern den Menschen, der außer dem physischen Leib ist als Ich und als astralischer Leib, und nun zu sehen: dieser Mensch, der denkt eigentlich im Geiste und weiß es nicht. Er weiß nicht, dass seine Gedanken im Geistigen leben. Und wiederum den Undinen ist unerklärlich, dass der Mensch so wenig sich selber kennt; den Sylphen ebenso; den Feuerwesen ebenso. Sehen Sie, es ist auf dem physischen Plane oftmals unangenehm, umflattert zu werden in der Nacht von Schnaken und dergleichen. Aber der geistige Mensch, das Ich und der astralische Leib, die werden von diesen elementarischen Wesen in der Nacht umwoben und umlebt, und dieses Umwoben- und Umlebtwerden ist eigentlich eine fortwährende Mahnung, mit seinem Bewusstsein vorzurücken, so dass man mehr weiß von der Welt.

Texte zur vierten Strophe

In der Zeiten Wende
trat das Welten-Geistes-Licht
in den irdischen Wesensstrom

Die kosmische Dimension der Kreuzigung und Auferstehung Christi

Die menschliche Seele, Rudolf Steiner, 1923, GA 224, S. 183

Das eigentliche Ereignis des Todes im Leben war vor dem Mysterium von Golgatha keine Göttererfahrung. Der Tod ist ins Leben hereingekommen durch die luziferischen und ahrimanischen Einflüsse, durch zurückgebliebene oder das Vorwärtsstürmen zu schnell treibende Götterwesen. Aber der Tod ist eigentlich nicht etwas, was als eine Lebenserfahrung der höheren Hierarchien vorhanden war. Das tritt ein als eine Erfahrung für diese höheren Hierarchien in dem Augenblick, als der Christus durch das Mysterium von Golgatha, das heißt, durch den Tod geht; als der Christus mit dem Schicksal der Erdenmenschheit sich so weit vereinigte, dass er mit dieser Erdenmenschheit das gemeinsam haben wollte, dass er den Tod durchgemacht hat. Es ist also dieses Ereignis von Golgatha nicht bloß ein Ereignis des Erdenlebens, es ist dieses Ereignis von Golgatha ein Ereignis des Götterlebens. Was sich auf der Erde abgespielt hat, und was im menschlichen Gemüt als eine Erkenntnis von dem Ereignis von Golgatha auftritt, das ist das Abbild von etwas ungeheuer viel Umfassenderem, Großartigerem, Gewaltigerem, Erhabenerem, das sich abgespielt hat in den Götterwelten selber. Und des Christus Durchgang durch den

Tod auf Golgatha ist ein Ereignis, durch das die erste Hierarchie in ein höheres Gebiet hinaufreichte.

Nacht-Dunkel hatte ausgewaltet

Die Macht der Finsternis

Das fünfte Evangelium, Rudolf Steiner, 1913, GA 148, S. 313

Und da kommt dann der große Rat der Götter heraus, der etwa zu folgendem Resultat führt: Weil wir nicht in der Lage waren, Luzifer und Ahriman von der irdischen Entwickelung abzuhalten, dadurch haben unsere Diener, die Engel, Erzengel und Archai, die Möglichkeit verloren, von einem bestimmten Zeitpunkte an für die Menschen das zu tun, was in unserem Sinne getan werden müsste. – Und dieser Zeitpunkt war eben der, in den das Mysterium von Golgatha fiel. Als dieser Zeitpunkt heranrückte, mussten sich die Götter der höheren Hierarchien sagen: Wir verlieren die Möglichkeit, dass unsere Diener in die Menschenseelen eingreifen. Dadurch, dass wir Luzifer und Ahriman nicht abhalten konnten, sind wir nur imstande, bis zu diesem Zeitpunkt zu wirken durch unsere Diener. Dann entstehen in den Menschenseelen Kräfte, die nicht mehr von den Engeln, Erzengeln und Archai dirigiert werden können. Die Menschen entfallen uns durch die Kräfte von Luzifer und Ahriman. Das war tatsächlich – wenn wir so sagen dürfen – die «Stimmung im Himmel», als der Zeitpunkt herannahte, mit dem die neue Zeit als ihrem Beginne rechnet. Dass durch ihre Diener nicht mehr genügend gesorgt werden konnte für die Menschen von einem bestimmten Zeitpunkte an, das war die große «Angst» der Götter. Sie werden den Ausdruck nicht mißverstehen, denn Sie sind vorbereitet durch die Geisteswissenschaft, dass Ausdrücke einen anderen Sinn und Empfindungswert bekommen, wenn man sich ihrer bedient zur Charakterisierung der höheren Welten. Diese Götterangst rückte heran; immer quälender und quälender und quälender wurde sie – wenn wir so sagen dürfen – in den Himmeln. Da entstand der Entschluß, den Sonnengeist herabzusenden, ihn hinzuopfern, indem man sich sagte: Er soll fortan ein anderes Los wählen, als im Rate der Götter zu sitzen; er soll einziehen auf den Schauplatz, wo menschliche Seelen leben. Wir opfern diesen Sonnengeist hin. Bis jetzt lebte er unter uns, in den Sphären der höheren Hierarchien; jetzt zieht er durch das Tor des Jesus in die Erdenaura ein.

Taghelles Licht
erstrahlte in Menschenseelen
Licht
das erwärmet
die armen Hirtenherzen
Licht
das erleuchtet
die weisen Königshäupter

Christus brachte die Fülle der flutenden Sonnenkräfte zur Erde

Das Matthäus-Evangelium, Rudolf Steiner, 1910, GA 123, S. 198

Das heißt mit anderen Worten: In einer Persönlichkeit war die Ichheit einmal so auf der Erde, dass die Menschen nach und nach durch ihre folgenden Inkarnationen sich die Kräfte dieser Ichheit nachfolgend aneignen werden durch Teilnahme an dem Christus oder durch Aufnehmen der Christus-Wesenheit im Sinne des Paulus. Und indem die Menschen von Inkarnation zu Inkarnation den Rest der Erdenzeit durchmachen, werden diejenigen, welche ihre Seele durchdringen wollen mit der Kraft der Persönlichkeit, die damals dagestanden hat, zu immer höheren Höhen steigen. Damals konnten die, welche dazu ausersehen waren, mit ihren physischen Augen im Leibe des Jesus von Nazareth den Christus sehen. Einmal musste es für die ganze Menschheit im Laufe der Erdenentwickelung geschehen, dass der Christus, der früher nur als der Geist der Sonne zu schauen war, herniedersteigen und sich so verbinden konnte mit den Kräften der Erde. Und der Mensch ist das Wesen, in dem die Fülle der flutenden Sonnenkraft leben sollte, die einmal heruntersteigen und in einem physischen Leibe wohnen sollte. Damit aber ist die Zeit eingeleitet, wo sich die Sonnenkraft ausgießen wird. Nach und nach wird sie immer mehr und mehr einfließen in die Menschen, die von Inkarnation zu Inkarnation leben und nach und nach, soweit es der irdische Leib zulässt, sich durchdringen mit der Christus-Kraft.

Wie lautet die Botschaft, die den Hirten von den Engeln verkündet wurde?

Das Lukas-Evangelium, Rudolf Steiner, 1909, GA 114, S. 32

Im Lukas-Evangelium besagt uns eine wunderbare Stelle, dass den Hirten auf dem Felde verkündet wird durch einen Engel, der ihnen sichtbar wird, dass ihnen der «Heiland der Welt» geboren worden ist. Und dann wird erwähnt, dass zu diesem Engel, nachdem er die Verkündigung gesagt hat, hinzutreten «himmlische Heerscharen» *(Lukas 2,13)*. Stellen Sie sich also das Bild vor, dass diese Hirten hinaufblicken und ihnen so etwas erscheint wie «der Himmel offen» und die Wesenheiten der geistigen Welt in mächtigen Bildern sich vor ihnen ausbreitend. Was wird den Hirten verkündet? Was ihnen verkündet wird, das wird in monumentale Worte gekleidet, in Worte, die durch die ganze Menschheitsentwickelung gesprochen wurden und die zum Weihnachtsspruche der christlichen Entwickelung geworden sind. Die Worte tönen den Hirten entgegen, die, richtig übersetzt, etwa so lauten würden: «Es offenbaren sich die göttlichen Wesenheiten aus den Höhen, auf dass Friede herrsche unten auf der Erde bei den Menschen, die durchdrungen sind von einem guten Willen.» *(Lukas 2,14)*. «Ehre», wie es gewöhnlich wiedergegeben wird, ist eine ganz falsche Übersetzung. Wie ich es jetzt gesagt habe, sollte es heißen. Und der Gegensatz sollte scharf betont werden, dass dasjenige, was die Hirten sehen, die Offenbarung der geistigen Wesenheiten aus den Höhen ist und dass sie in diesem Augenblicke geschieht, damit einziehe Friede in die menschlichen Herzen, die durchdrungen sind von einem guten Willen. Im Grunde genommen liegt, wie wir sehen werden, vieles von den Geheimnissen des Christentums in diesen Worten, wenn man sie richtig versteht.

Das Evangelium stammt aus der Sphäre der Engel und Erzengel

Das Markus-Evangelium, Rudolf Steiner, 1912, GA 139, S. 27

Was ist das «Evangelium»? Es ist das, was herunterkommt aus den Reichen, die wir öfter in den Hierarchien der höheren Wesenheiten beschrieben haben, wo die Angeloi, die Archangeloi sind, was heruntersteigt durch die Welt, die sich erhebt über der Menschenwelt. Da gewinnt man die Perspektive auf einen tieferen Sinn des Wortes Evangelium. Ein Impuls, der heruntersteigt durch das Reich der Archangeloi, der Angeloi, ist das Evangelium; es ist das diesen Reichen Entsteigende, das in die Menschheit eintritt. Alle abstrakten Übersetzungen treffen im Grunde genommen nur wenig die Sache. In Wahrheit soll schon in dem Worte Evangelium angedeutet werden, dass in einem Zeitpunkt etwas beginnt auf die Erde niederzufließen, was früher nur dort geströmt hat, wo die Angeloi und die Archangeloi sind, was heruntergekommen ist auf die Erde, was hier die Seelen durchrüttelt, und die stärksten Seelen gerade am meisten. Und der Beginn, der also eine Fortsetzung hat, der wird verzeichnet. Das heißt, das Evangelium dauert fort.

Göttliches Licht
Christus-Sonne
erwärme
unsere Herzen
erleuchte
unsere Häupter

Der äußere Schein der höheren Hierarchien

Am Ende wird der Grundsteinspruch «wie ein Gebet». *Von Liebe werden alle Wesen der höheren Hierarchien getragen. Liebe erscheint im Äußeren als Licht.*

Apokalypse und Priesterwirken, Rudolf Steiner, 1924, GA 346, S. 215

Das Weltenall besteht seiner inneren Substanz und Wesenheit nach, insofern es das All des Menschen ist, aus lauterer Liebe, es ist nichts anderes als lautere Liebe. Wir finden innerhalb des dem Menschen zugeordneten Göttlichen nichts anderes als lautere Liebe. Aber diese Liebe ist eben ein Innerliches, sie kann innerlich von Seelen erlebt werden. Sie würde niemals zur äußeren Erscheinung kommen, wenn sie sich nicht zunächst ihren Körper bildete aus dem Elemente, dem ätherischen Elemente des Lichtes. Und wenn wir richtig okkultistisch die Welt anschauen, so kommen wir einfach dazu, uns zu sagen: Das Grundwesen der Welt ist als Licht äußerlich erscheinende innere Liebewesenheit. Es ist das nicht eine Glaubensüberzeugung dessen, der in diese Dinge hineinschaut, sondern es ist eine ganz objektiv gewonnene Erkenntnis: Das Weltall, insofern der Mensch darin wurzelt, ist durch das Licht äußerlich zur Erscheinung gelangende innerlich wesentliche Liebe. Wesentlich, weil wir es zu tun haben mit all den Wesenheiten der höheren Hierarchien, die von dieser Liebe getragen werden und die diese Liebe innerlich erleben, was aber, wenn wir eine abstrakte Idee anwenden wollen, als Licht erscheint. Der äußere Schein der Wesen ist Liebe, und der äußere Schein von Liebe ist Licht.

dass gut werde
was wir aus Herzen
gründen
aus Häuptern
zielvoll führen
wollen

Engelwesen in uns denken, fühlen und wollen

Diese Sammlung meditativer Texte wurde mit dem Pfad der Verehrung eröffnet, als Beginn des Schulungsweges. *Am Ende der Grundsteinmeditation wurde der Pfad der Verehrung zur Leitlinie bei der Gründung und zielgerichteten Führung der weltweiten Anthroposophischen Gesellschaft. Jetzt aber, ein Jahrhundert später, können diese Worte Leitgedanken sein bei der Verwirklichung unserer heutigen Ideale, bei der Ergreifung neuer Initiativen, aber auch bei der Weiterführung bereits laufender Initiativen innerhalb der Anthroposophischen Gesellschaft sowie auch im ganzen Leben, insoweit wir es im Geiste des Grundsteins führen wollen.*

Hier sei an Rudolf Steiners Worte bei der Vorbereitung der ersten Waldorfschule erinnert, die er als «eine Art Gebet» ankündigte.

Dies sind Worte, von denen sich viele Lehrerkollegien weltweit inspirieren ließen und lassen. Seit der Veröffentlichung dieser Worte können sich auch andere Arbeitsgemeinschaften von ihnen inspirieren lassen. In diesen Worten geht es um gegenseitiges Verständnis, um Zusammenarbeit, um Verantwortung und um die Rolle der Engel, Erzengel und Archai dabei. Alle, die eine Initiative in gemeinsamer Verantwortung ergreifen oder eine Initiative weiterführen wollen, können sich diese Worte zu Herzen nehmen.

Die Teilnehmer haben das betreffende Gebet nicht mitgeschrieben. Zwei von ihnen haben es später aus dem Gedächt-

nis aufgeschrieben, Caroline von Heydebrand und Herbert Hahn. Hier folgt die Wiedergabe des Letzteren.

Allgemeine Menschenkunde, Rudolf Steiner, 1919, GA 293, S. 21

«Eine Art Gebet» im Wortlaut der Aufzeichnungen von Herbert Hahn:

«Wir dürfen, indem wir uns aktiv der Pädagogik dieser fünften Kulturepoche zuwenden und als Lehrkräfte in ihr tätig sein wollen, im Bewusstsein tragen, dass die Wesen der dritten Hierarchie sich mit unserer Arbeit zu verbinden anschicken.

Hinter jedem einzelnen Mitglied des werdenden Lehrerkollegiums sehen wir den *Engel* stehen. Er legt beide Hände auf das Haupt des seiner Hut anvertrauten Erdenmenschen. Und in dieser Haltung und mit dieser Gebärde lässt er *Kraft* hinüberströmen. Es ist die Kraft, welche das zu vollbringende Werk mit den nötigen Imaginationen begabt. Schöpferisch imaginierend, Imagination kraftvoll weckend, steht so hinter dem einzelnen der Engel.

Erhebt sich der Blick, dann sieht er über den Häuptern der werdenden Lehrerschaft schwebend eine Schar von *Erzengeln.* Kreisend und im Kreise wiederkehrend, tragen sie das, was als Ergebnis der Geistbegegnung des einzelnen mit seinem Engel erwachsen will, zu jedem anderen hin. Und sie tragen es, durch die Kraft aller anderen bereichert, zum einzelnen wieder zurück. – In diesem Kreisen, das wie eine geistige Bildnertätigkeit wirkt, bildet sich über den Häuptern der im gemeinsamen Streben Verbundenen eine Schale. Und diese Schale hat eine ganz bestimmte Substanz: sie ist gebildet aus *Mut.* Zugleich lassen die kreisend verbindenden Erzengel in ihre Bewegung, in ihr Bilden, schöpferisch inspirative Kräfte einströmen. Sie eröffnen die Quelle für jene Inspirationen, die wir für unser Werk nötig haben.

Indem der Blick des Schauenden sich noch weiter erhebt, reicht er hinauf bis zu der Region der *Archai.* Sie stellen sich nicht als Gesamtheit dar. Aber aus ihrer Sphäre, der Sphäre des *Lichtes,* lassen sie einen Tropfen herunterfallen in die Schale des Mutes. Wir dürfen empfinden, dass dieser Lichtestropfen uns geschenkt wird von dem *guten Geiste unserer Zeit,* der hinter dem Gründer und hinter der Gründung dieser neuen Schule steht. Es sind schöpferische Intuitionskräfte, die in dieser Lichtesgabe wirken. Sie wollen in den jetzt an das junge pädagogische Werk Gehenden die notwendigen Intuitionen erwecken.

So nimmt – Kraft, Mut und Licht schenkend – die dritte Hierarchie an der sich jetzt vollziehenden Gründung teil. Imaginierend, inspirierend, intuitierend will sie sich verbinden mit unserem irdischen Tun.»

Erläuterungen und Abschlussworte

Erläuterungen zu den Fundstellen und zum Text

Zum Text

Dieses Buch folgt dem Wortlaut des Grundsteinspruchs, wie er laut Stenogramm von Weihnachten 1923 bis Neujahr 1924 in die Herzen und Seelen der etwa 800 anwesenden Gründungsmitglieder gelegt wurde. Die Namen der Engelhierarchien, die Rudolf Steiner während der Tagung jedes Mal auf Hebräisch oder Griechisch anrief, fasste er bei der Publikation im «Nachrichtenblatt» vom 13. Januar 1923 zusammen als *Kräfte-Geister, Lichtes-Geister, Seelen-Geister,* auch bekannt als erste, zweite und dritte Hierarchie der Engel. Bei meinen Untersuchungen aller Stellen, an denen Rudolf Steiner von den Hierarchien der Engel gesprochen hat, habe ich festgestellt, dass er diese neun Gruppen der Engel in drei Hierarchien ab Herbst 1900 dargestellt und mit immer neuen Namen versehen hat. Um die konsistente Gliederung der Engelhierarchien verständlich zu machen, habe ich in diesem Buch immer dann die griechischen Namen hinzugefügt, wenn in den Texten die Namen variierten.

In der gedruckten Version gibt es weitere Abweichungen vom gesprochenen Wortlaut. Zum Beispiel wurde «in das Geistesmeereswesen» gedruckt, aber «im Geistesmeereswesen» wurde immer gesprochen. Bemerkenswerte Varianten finden wir in den Worten, die die lateinischen Sprichwörter jeweils einleiten: «dies spricht», heißt es in der gedruckten Fassung, doch laut Stenogramm hat Rudolf Steiner an dieser Stelle mehrere Varianten ausgesprochen: *«dieses spricht / das spricht / und es spricht / es spricht / dann spricht es durch die Welt»*. Hier konnte ich zwischen den mündlichen Varianten wählen. Ich habe die Interpunktion weggelassen, um die Frische des gesprochenen Wortes nicht durch die Zeichensetzung zu stören.

Die griechischen (und für die erste Hierarchie hebräischen) Namen, mit denen Rudolf Steiner die Hierarchien anrief, nehme ich als Eigennamen, auch wenn sie des Plurals wegen als Gattungsnamen aufgefasst werden können. *Fundstellen: Die Weihnachtstagung, 1923/24, GA, 260, Seiten 68 ff., 73 ff., 94 ff., 104 ff., 136 ff., 183 ff., 193 ff., 207 ff., 253 ff., 281 ff.*

Zu den Hierarchien

Das Wort «Engel» hat zwei Bedeutungen. Einerseits ist es eine allgemeine Bezeichnung für alle Hierarchien der Engel. Anderseits ist es zugleich der Eigenname der uns am nächsten stehenden Engel, die in unseren Gedanken aufleuchten können, weil die Engel auch Denkkräfte sind. Dieser Unterschied zwischen den beiden Bedeutungen von *Angeloi (Engel)* ist bereits so alt wie das frühe esoterische Christentum.

In Rudolf Steiners Beschreibungen von Engeln finden wir häufig das Wort «höhere Geister». Man könnte dabei an «höher in der Hierarchie der Engel» denken, aber das erweist sich als Irrtum. Er bezieht sich auf alle Hierarchien, die höher sind als unsere menschliche, die vierte Hierarchie.

Rudolf Steiner bezeichnete die erste und zweite Hierarchie manchmal als «Götter» und die zweite und dritte Hierarchie manchmal als «Geister». Er verwendete diese Art Benennungen frei, mit allen möglichen Ausnahmen. Das Gleiche ist auch bei der Zählung der Hierarchien der Fall. Es ist üblich, die höchste Hierarchie als die «erste» und die unterste Hierarchie als die «dritte» zu bezeichnen. Gelegentlich kehrt Rudolf Steiner dies jedoch um. Dann nennt er die unterste Hierarchie die «erste» (dem Menschen am nächsten) und die höchste die «dritte» (von uns am weitesten entfernt). Der Grund dafür ist mir unbekannt, aber jedenfalls ist der Effekt, dass wir aufmerksam lesen müssen.

Zu den Fundstellen

Die Fundstellenangaben wurden spärlich gehalten, die *Titel* öfters abgekürzt. Dann folgt das *Jahr*, worin der Text geschrieben oder gesprochen wurde, und danach die *Nummer* des Bandes in der Gesamtausgabe (*GA)* und die *Seitennummer* in der bis Mai 2023 letzten Ausgabe laut der offiziellen Website der *Rudolf Steiner Gesamtausgabe*. Der Verlag der *Rudolf Steiner Gesamtausgabe* in mehr als 300 Bänden ist die Rudolf Steiner Nachlassverwaltung in Dornach, seit 2007 Rudolf Steiner Verlag in Basel.

Die *Nummer der Seiten* benennt ausschließlich die *erste Seite* von einer Fundstelle.

Dankeswort

Bei der Vollendung dieses Buches gilt mein erster und größter Dank Rudolf Steiner, dem Autor der ausgewählten Texte.

Von Herzen möchte ich Hapé Smeele vom Verlag *Nachtwind* danken, der mich mit starkem freundlichem Drängen ermutigte, meine Idee für dieses Buch nicht liegen zu lassen, sondern sofort in Angriff zu nehmen.

Weiter bin ich dankbar für das Vertrauen, das mir der Vorstand und die Redaktion der *Stichting Rudolf Steiner Vertalingen* für die Zusammenstellung der niederländischen Version dieses Buches entgegengebracht haben. Insbesondere danke ich auch der Autorin Désanne van Brederode für ihre inspirierende Hilfe und Unterstützung als Lektorin. Und ich danke auch Madeline Mees für ihre guten Ratschläge und ihre sorgfältigen Korrekturen.

Christiane Haid und Thomas Didden vom Verlag am Goetheanum bin ich dankbar für das Vertrauen, das sie mir bei der Erstellung der deutschen Fassung entgegengebracht haben. Mein besonderer Dank gilt Elsemarie ten Brink, die meine Texte ins Deutsche übersetzt hat, und Michael Stürenburg in Berlin für seine zahlreichen Verbesserungen des Entwurfs und Christiane Haid für ihr Lektorat.

Allen, die mir geholfen und mich unterstützt haben, danke ich ganz besonders für die natürliche, freundliche und herzliche Atmosphäre, in der wir zusammenarbeiten konnten. Das war ein großes Geschenk.

Anmerkungen

1 *Wie erlangt man Erkenntnisse der höheren Welten?,* Rudolf Steiner, 1904/05, GA 10, S. 16.
Alle angegebenen Seitenzahlen beziehen sich auf die letzte Ausgabe, die im Juni 2023 verfügbar war.
Nur die erste Seite einer Fundstelle wird angegeben.

2 Ebenda, S. 19.

3 Ebenda, S. 19.

4 GA 10, S. 19.

5 *Das Fünfte Evangelium*, Rudolf Steiner, 1913, GA 148, S. 307.

6 Unten S. 86. [in der Version von 9 Aug]

7 Siehe unten in der Textsammlung S. 56, 64. [in der Version von 9 Aug.]

8 *Die vierte Dimension,* Rudolf Steiner, 1909, GA 324a, S. 124.

9 Viele Beschreibungen im Internet u. a.: https://www.fr.de/wissen/voyager-2-zeigt-eine-scharfe-grenze-im-all-zr-13192164.html

10 *Die Geheimnisse der biblischen Schöpfungsgeschichte,* Rudolf Steiner, 1910, GA 122, S. 117.

11 Nach «Über die Himmlische Hierarchie» folgt als zweiter Teil «Über die Kirchliche Hierarchie».

12 Johannes 3:1–8.

13 Die Weihnachtstagung, Rudolf Steiner, 1923/24, GA 260, S. 60–69.

14 *Geistige Hierarchien und ihre Widerspiegelung in der physischen Welt,* Rudolf Steiner, 1909, GA 110.

15 Charles M. Stang, *«No longer I»: Paul, Dionysius the Areopagite, and the Apophasis of the Self,* Cambridge (Mass.) 2008.

16 Paulus, 2 Kor 12,1–4.

17 *Spirituelle Seelenlehre,* Rudolf Steiner, 1904 GA 52, S. 83.

18 *Das Fest der Erscheinung Christi,* Rudolf Steiner, 1921, GA 209, S. 172.

19 Johannes 3:1–8

20 Fortsetzung des Vortrags hier unten am Schluss der Texte zur dritten Strophe.